\ START UP /

刑法 判例50!

HANREI

総論

十河太朗
豊田兼彦
松尾誠紀
森永真綱

有斐閣

Preface

はしがき

　本書は，刑法総論をこれから学ぼうとする人，特に法学部の初学者のために書かれた刑法総論の判例解説書である。

　判例解説書は，『判例百選』をはじめ，すでに多数出版されている。しかし，その多くは大量の判例を高い水準で解説しており，判例の件数を絞って初学者にもわかりやすく書かれたものは意外と少ない。また，法学部の授業でも判例の説明に割く時間は限られている。そのため，初学者が判例を学ぶことは必ずしも容易ではない状況にある。それに，そもそも法学部の学生といっても，弁護士などの法曹を目指さない学生のほうが多数であり，このような学生に大量の判例を理解し覚えることを求めても，消化不良に終わるおそれがある。それどころか，楽しいはずの判例学習を学生から遠ざける結果になりかねない。

　そこで，本書は，法曹志望の学生はもちろん，それ以外の学生にも学びやすいものとなるように，判例を50件に絞り，これになるべく平易で親しみやすい書きぶりの解説を付けてみた。事案の紹介も，できるだけわかりやすいものを目指した。判例の件数を絞るにあたり，刑法総論の一部である罪数論に関する判例は，思い切ってカットした。

　判例の解説については，書きぶりだけでなく，構成にも工夫をこらした。詳細は「本書の使い方」をご覧いただくとして，ここに工夫の一端を示すならば，第1に，事案の紹介の後に〔読み解きポイント〕を置いたことである。これは，判決文・決定文を読むときにどのようなところに注意すればよいかを説明したもので，事案を読んだ後にこれを読めば，判決文・決定文の内容をよりスムーズに理解できるであろう。第2に，判決

文・決定文の後に〔この判決・決定が示したこと〕を置いたことである。これは，判決・決定が要するに何を言いたかったのかを簡潔にまとめたもので，判決・決定のポイントがひと目でわかるようになっている。

　本書全体の構成も工夫した。まず，各章の冒頭に各章で学ぶことの概要を示した。また，各テーマの冒頭に「Introduction」を置き，判例の理解に必要な前提知識を確認できるようにした。さらに，「もう一歩先へ」のコーナーを設け，50件以外の重要判例について簡単な解説を加えた。判例が50件で十分かどうかは読者が何を目指すかによるのであり，法曹志望の学生には50件では足りないであろう。法曹志望でない人の中にも，より多くの判例を知りたい人もいるだろう。そんな読者のために設けたのが，このコーナーである。

　執筆者の4人は，刑法学界では中堅であり，なお発展途上にある。しかし，刑法の教育にかける情熱には自信がある。本書の執筆にあたっても，定期的に何度も会合を持ち，毎回長時間にわたって議論を重ねた。もとより，この情熱が本書のねらいどおりの結果へと現実化したか，それとも空回りに終わったかは，読者の判断にゆだねるほかない。

　本書の企画から刊行まで，有斐閣の皆さん，とりわけ会合に毎回出席してくださり，読者目線で的確な助言や意見をくださった三宅亜紗美さんと井植孝之さんに大変お世話になった。心からお礼申し上げたい。

2016年11月

十河太朗
豊田兼彦
松尾誠紀
森永真綱

著者紹介

十河太朗
Sogo Taro

同志社大学教授

①1965年11月（蠍座）／大阪府。②野球観戦（スワローズファン）。③小学校から転校を繰り返し，すっかり人見知りになったこと。④大学入学当時，法律の勉強に興味が湧かず，転学部も考えました。そんな私が勉強を始めたきっかけは本書［判例24］の解決に疑問を持ったことでした。疑問は大切にしてください。
執筆担当：Chapter Ⅳ

豊田兼彦
Toyota Kanehiko

大阪大学教授

①1972年4月（牡羊座）／島根県益田市生まれ，大阪育ち。②料理。③ドイツ留学中に本場の白アスパラを食べまくったこと。シュタインピルツ（生のポルチーニ茸）のバターソテーの味も忘れられません。④知の世界は無限です。学問としての刑法を楽しく学んでください。
執筆担当：Chapter Ⅰ，Ⅱ［Ⅱ-1，p.28］，Ⅵ［p.109，Ⅵ-1，Ⅵ-2，p.141］

松尾誠紀
Matsuo Motonori

北海道大学教授

①1975年11月（射手座）／奈良県。②ドキュメンタリーを見ること。③大学時代にはよく一人旅をしていました。原付バイクで北海道をぐるぐるしたり。④論点でも，勉強の仕方でも，語れるくらいがちょうどいいと思います。それは考えが深まっていることの証ですから。
執筆担当：Chapter Ⅱ［p.9，Ⅱ-2］，Ⅴ，Ⅵ-3

森永真綱
Morinaga Masatsuna

甲南大学准教授

①1974年1月（山羊座）／大阪府岸和田市。②野球観戦，温泉地巡り。③高校生のとき，クラブの練習中に野球の硬式ボールが顔面に当たって，鼻の骨を折ったこと。④「わからない」ことは「わからない」と素直に思うことが重要だと思います。素朴な疑問から新たな発見が生まれます。偉そうなこと言ってすみません。
執筆担当：Chapter Ⅲ

①生年月（星座）／出身地　②趣味　③思い出　④これから刑法を学ぶみなさんへメッセージ

目次

はしがき ... i
著者紹介 ... iii
本書の使い方 ... viii
凡例 ... x

Chapter I ― 罪刑法定主義 ... 1

Introduction ... 2
- **01** 刑罰法規の明確性・広範性：福岡県青少年保護育成条例事件（最大判昭和60・10・23） ... 4
- **02** 類推解釈の禁止：ガソリンカー事件（大判昭和15・8・22） ... 6

犯罪成立といえるまでの考え方・判断のみちすじ ... 8

Chapter II ― 構成要件該当性 ... 9

1. 因果関係

Introduction ... 10
- **03** 被害者の特殊事情：老女布団むし事件（最判昭和46・6・17） ... 12
- **04** 行為後の介在事情(1)：大阪南港事件（最決平成2・11・20） ... 14
- **05** 行為後の介在事情(2)：高速道路進入事件（最決平成15・7・16） ... 16
- **06** 行為後の介在事情(3)：砂末吸引事件（大判大正12・4・30） ... 18

2. 不作為犯

Introduction ... 20
- **07** 不作為の因果関係：覚せい剤注射事件（最決平成元・12・15） ... 22
- **08** 不作為による殺人：シャクティパット事件（最決平成17・7・4） ... 24
- **09** 不作為による放火：火鉢事件（最判昭和33・9・9） ... 26

もう一歩先へ ... 28

Chapter III — 違法性　29

1. 実質的違法性

Introduction　30

10 違法性の実質：外務省秘密漏えい事件（最決昭和53・5・31）　32
11 被害者の同意(1)：保険金詐欺目的での傷害の同意（最決昭和55・11・13）　34
12 被害者の同意(2)：偽装心中（最判昭和33・11・21）　36
13 治療行為の中止：川崎協同病院事件（最決平成21・12・7）　38

2. 正当防衛

Introduction　40

14 積極的加害意思と急迫性（最決昭和52・7・21）　42
15 防衛の意思と攻撃の意思の併存（最決昭和50・11・28）　44
16 相当性の判断方法（最判昭和44・12・4）　46
17 自招侵害（最決平成20・5・20）　48
18 過剰防衛の限界（最決平成20・6・25）　50
19 誤想過剰防衛：英国騎士道事件（最決昭和62・3・26）　52

3. 緊急避難

Introduction　54

20 現在の危難と補充性：吊橋爆破事件（最判昭和35・2・4）　56
21 強要による緊急避難（東京地判平成8・6・26）　58

もう一歩先へ　60

Chapter IV — 責任　　61

1. 故意・錯誤・違法性の意識

Introduction　62

22 故意(1)：覚せい剤の認識（最決平成2・2・9）　64
23 故意(2)：たぬき・むじな事件（大判大正14・6・9）　66
24 錯誤(1)：方法の錯誤（最判昭和53・7・28）　68
25 錯誤(2)：覚せい剤所持とコカイン所持（最決昭和61・6・9）　70
26 違法性の意識：サービス券事件（最決昭和62・7・16）　72

2. 過失

Introduction　74

27 過失犯の基本構造：弥彦神社事件（最決昭和42・5・25）　76
28 予見可能性の対象・程度：北大電気メス事件（札幌高判昭和51・3・18）　78
29 予見可能性の対象としての因果関係：生駒トンネル火災事件（最決平成12・12・20）　80
30 交通法規の違反と信頼の原則（最判昭和42・10・13）　82
31 管理・監督過失：ホテル・ニュージャパン事件（最決平成5・11・25）　84

3. 責任能力と原因において自由な行為

Introduction　86

32 責任能力の判断（最決昭和59・7・3）　88
33 原因において自由な行為：酒酔い運転（最決昭和43・2・27）　90

もう一歩先へ　92

Chapter V — 未遂犯　　93

1. 不能犯と実行の着手

Introduction　94

34 不能犯：空気注射事件（最判昭和37・3・23）　96
35 実行の着手（最決昭和45・7・28）　98
36 早すぎた結果の発生（最決平成16・3・22）　100

2. 中止犯

Introduction 103

37 中止犯(1)：結果防止行為と真摯な努力（大判昭和12・6・25）........ 104
38 中止犯(2)：中止行為の任性性（福岡高判昭和61・3・6）........ 106

もう一歩先へ 108

Chapter VI — 共犯 109

1. 共犯の類型と間接正犯

Introduction 110

39 共謀共同正犯(1)：大麻密輸入事件（最決昭和57・7・16）........ 112
40 共謀共同正犯(2)：スワット事件（最決平成15・5・1）........ 114
41 幇助の因果性：宝石商殺害事件（東京高判平成2・2・21）........ 116
42 間接正犯：12歳の少女の利用（最決昭和58・9・21）........ 118

2. 共犯の諸問題(1)

Introduction 120

43 共犯と錯誤：殺人と傷害致死の共同正犯（最決昭和54・4・13）........ 122
44 過失犯の共同正犯：世田谷ケーブル事件（東京地判平成4・1・23）........ 124
45 共犯と身分：業務上横領罪と65条（最判昭和32・11・19）........ 126
46 共同正犯と過剰防衛：フィリピンパブ事件（最決平成4・6・5）........ 128

3. 共犯の諸問題(2)

Introduction 130

47 共犯関係の成否と正当防衛（最判平成6・12・6）........ 132
48 不作為と共犯：不作為による傷害致死幇助（札幌高判平成12・3・16）........ 134
49 共犯関係の解消：住居侵入強盗事件（最決平成21・6・30）........ 136
50 承継的共犯：傷害罪の共同正犯（最決平成24・11・6）........ 138

もう一歩先へ 141

判例索引 142

本書の使い方

① タイトル
この項目で学ぶことを示しています。

② サブタイトル・事件名
この項目で取り上げた判例を指してよく使われる事件名がある場合には記載しています。

③ 判例
この項目で取り上げる判例です。この場合、最高裁判所で昭和60年10月23日に出された判決のことです。詳しくは、「凡例」(p.x)を参照してください。

④ 出典
ここに掲げた書誌に、この項目で取り上げた判決文・決定文の全文が載っています。「出典」と呼ばれます。「刑集」などの略語については「凡例」(p.x)を参照してください。

事案
この事件のおおまかな内容です。

どんな事案に対してどんな判断が示されたかを順番に確認することが大事！　まずは事案を丁寧に読んでみよう！

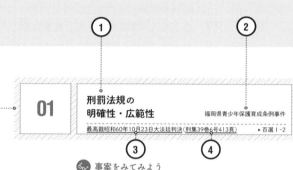

読み解きポイント
以下の判決文・決定文を読むときにどのようなところに着目すればよいか、意識するとよいポイントを説明しています。

エンピツくん

性別：たぶん男子。
年齢：ヒミツ。
モットー：細く長く。
シャーペンくんを
ライバルと思っている。

判決文・決定文

ここが，裁判所が示した判断をまとめた部分です。全文は実際にはもっと長いものですが，ここでの学習に必要な部分を抜き書きしています。判決文・決定文の中でも，特に大事な部分に下線を引いて，「Point」マークを付けています。

判決文・決定文は，この事件について裁判所がどう判断したか，という部分。言い回しや言葉づかいが難しいところもあるけれど，がんばって読んでみよう！

が認められないような性交又は性交類似行為をいうものと解するのが相当である。けだし，右の「淫行」を広く青少年に対する性行為一般を指すものと解するときは，「淫らな」性行為を指す「淫行」の用語自体の意義に添わないばかりでなく，例えば婚約中の青少年又はこれに準ずる真摯な交際関係にある青少年との間で行われる性行為等，社会通念上およそ処罰の対象として考え難いものをも含むこととなって，その解釈は広きに失することが明らかであり，また，前記「淫行」を目して単に反倫理的あるいは不純な性行為と解するのでは，犯罪の構成要件として不明確であるとの批判を免れないのであって，前記の規定の文理から合理的に導き出され得る解釈の範囲内で，前叙のように限定して解するのを相当とする。このような解釈は通常の判断能力を有する一般人の理解にも適うものであり，②「淫行」の意義を右のように解釈するときは，同規定につき処罰の範囲が不当に広過ぎるとも不明確であるともいえないから，本件各規定が憲法31条の規定に違反するものとはいえ[3]ない。

⬇ この判決が示したこと ⬇
「淫行」を判決文①と②のように限定解釈すれば，本条例1項・16条1項は，不当に広すぎるとも不明確であるともいえないから，憲法31条に違反しないとした。

解説

Ⅰ．「淫行」の明確性・広範性

青少年との性行為はすべて「淫行」に含まれると解釈すれば，「淫行」の意味は明確になる。しかし，そのように解釈すると，処罰範囲が不当に広がって，適正性を欠くことになる。婚約者との性行為など，処罰すべきでない性行為まで処罰範囲に含まれてしまうからである。そこで，本判決は，「淫行」を①と②に限定して解釈し（Point-1），処罰範囲が広すぎるとする憲法違反の主張を斥けた（Point-2）。

同時に，本判決は，このように限定して解釈すれば「淫行」は不明確であるともいえないとして，不明確ゆえに違憲無効であるとの主張も斥けた（Point-2）。

Ⅱ．本判決（多数意見）に対する批判

本判決に対しては，3人の裁判官から反対意見（本条例を違憲無効とする意見）が出た。すなわち，反対意見によると，本判決の限定解釈は「通常の判断能力を有する一般人の理解」の及ばないものであるから本条例の規定は不明確であり，また，そのような解釈は解釈の作業を超えた新たな立法作業であるから許されないとされる。さらに，本判決の②の解釈に対しても，性行為そのものは自己の性欲を満足させるために行われるのが通常であるから，処罰範囲の適切な限定になっていないとの反対意見が付されている。学説上も，本判決の解釈を疑問視するものが少なくない。

---

*3｜本判決の結論
本判決は，Xの行為は②の場合にあたるとして，有罪判決を維持した。

*4｜合憲限定解釈
判例は，本判決のように，処罰範囲を限定的に解釈することによって，刑罰法規自体が違憲無効とされることを回避する「解釈による」ような限定解釈を合憲限定解釈といい，合憲限定解釈により違憲無効の主張を斥けた判例として，たとえば，最判平成19・9・18刑集61巻6号601頁（広島市暴走族追放条例事件）がある。

*5｜多数意見
最高裁判所の裁判において裁判官の意見が分かれたときには，多数を占める意見が判決に採用され，これを多数意見（または法廷意見）という。

*6｜反対意見
最高裁判所の裁判で裁判官の多数を占めなかった意見で，多数意見の結論に反対するもの。

*7｜
本判決の解釈は，立法機関である地方議会にしか作ることができないはずの条例を，司法機関である裁判所が解釈の名目で新たに作り出すもので，権力分立に反するから許されない，という意味。

この判決・決定が示したこと

ここまでに読んだ判決文・決定文が「結局何を言いたかったのか」「どんな判断をしたのか」を簡単にまとめています。〔読み解きポイント〕にも対応しています。

解説

用語や考え方，背景，関連事項など，この判例を理解するために必要なことを説明しています。

解説を読むと，この判例の意義や内容をより深く理解できるよ！

左右のスペースで，発展的な内容や知っていると役立つことを付け加えています。余裕があれば読んでみましょう。そのほか，判決文・決定文の現代語訳を付けたところもあります。参考にしながら読んでみてください。

Explanatory Notes

凡例

判例について

略語

[裁判所]

大判（決）	大審院判決（決定）
最大判（決）	最高裁判所大法廷判決（決定）
最判（決）	最高裁判所判決（決定）
高判（決）	高等裁判所判決（決定）
地判（決）	地方裁判所判決（決定）

＊地方裁判所の支部での判決（決定）は「地」（地方裁判所）の後に「支判（決）」

[判例集]

刑録	大審院刑事判決録
刑集	大審院，最高裁判所刑事判例集
高刑集	高等裁判所刑事判例集
下刑集	下級裁判所刑事裁判例集
高刑判特	高等裁判所刑事判決特報
高刑裁特	高等裁判所刑事裁判特報
高刑速	高等裁判所刑事裁判速報集
裁時	裁判所時報
判タ	判例タイムズ
判時	判例時報

表記の例

最高裁昭和 60 年 10 月 23 日大法廷判決（刑集 39 巻 6 号 413 頁）
最大判昭和 60・10・23 刑集 39 巻 6 号 413 頁

「最高裁判所」の大法廷で，昭和 60 年 10 月 23 日に言い渡された「判決」であること，そしてこの判決が「刑集」（最高裁判所刑事判例集）という判例集の 39 巻 6 号 413 頁に掲載されていることを示しています。

法令名について

刑法については，原則として条文番号のみを引用し，その他の法令については，法令名または略称（有斐閣『ポケット六法』巻末の「法令名略語」による）を示しています。

判決文・条文などの引用について

「 」で引用してある場合は，原則として原典どおりの表記としていますが，字体などの変更を行ったものや，濁点・句読点，ふりがな，下線，傍点などを補ったものがあります。引用の「 」内の〔 〕表記（小書き）は，著者による注であることを表します。

その他

有斐閣『刑法判例百選Ⅰ 総論〔第 7 版〕』『刑法判例百選Ⅱ 各論〔第 7 版〕』の引用は，「百選Ⅰ-1」のように，巻の番号と項目番号のみを示しました。
辞書による説明を引用する場合，三省堂『大辞林〔第 3 版〕』によりました。

罪刑法定主義

　何が犯罪で，どんな刑罰が科されるかは，あらかじめ法律で定めておかなければならない。これを罪刑法定主義という。刑法の大原則である。

　「あらかじめ」でなければならないのは，そうしておかないと，どんな行為が犯罪として処罰されるかを予測できず，自由が不当に制限されてしまうからである。これは，犯罪と刑罰を法律で定めたとしても，それ以前の行為に遡って適用してはならないということを意味する。これを遡及処罰の禁止という（憲39条）。

　「法律で」とされているのは，犯罪と刑罰についても国民自身が国会を通じて法律の形で定めるべきだからである。これを法律主義という（憲31条）。

　さらに，犯罪と刑罰は，その内容が明確かつ適正なものでなければならない。明確でないと自由に行動できないし，処罰範囲が広すぎたり無害な行為を処罰したりするなど内容が適正でない場合には自由が不当に制限されるからである。また，被告人に不利益な類推解釈も許されない。詳しくは **Introduction** で説明するが，これらも罪刑法定主義の派生原則として重要である。

Contents

 Ⅰ　罪刑法定主義
Ⅱ　構成要件該当性
Ⅲ　違法性
Ⅳ　責任
Ⅴ　未遂犯
Ⅵ　共犯

Introduction

罪刑法定主義

電車の中でスマホを使ってしゃべっていたら警察に捕まり，裁判で「マナー違反の罪で死刑だ！」と，そんな法律ありもしないのに突然宣告されて処刑される……。こんなひどい不意打ちが許されるなら，こわくて自由に暮らせない。それに選挙で選ばれていない裁判官が勝手に犯罪と刑罰を作るのも変だ。いまは自分たちのルールは自分たちで決めるという民主主義の時代であり，犯罪と刑罰についても国民の代表である国会が決めるべきだからだ。だとすると，何が犯罪で，それにどんな刑罰を科すかは，あらかじめ法律で決めておかないといけないのでは。以下では，この点について考えてみよう。

1. 罪刑法定主義とは？

犯罪と刑罰はあらかじめ法律で定めておかなければならない。これを罪刑法定主義といい，「法律なければ犯罪なし。法律なければ刑罰なし」と表現される刑法の大原則である。では，このような原則があるのはなぜだろうか。

犯罪と刑罰があらかじめ決まっておらず，何かをしようとするとき「もしかしたら処罰されるかも」とおそれなければならないようでは，人々は自由に行動できない。こんなことがないように前もって定めておこうというわけである。これは，犯罪と刑罰を法律で定めたとしても，それ以前の行為に遡って適用してはならないということを意味する。これを遡及処罰の禁止といい，憲法39条に定められている[*1]。これは，自由は最大限保障されるべきだという自由主義の原理からくるものである。

法律で定めておかなければならないという点は，自分たちのルールは自分たちで決めるという民主主義の原理に基づいている。犯罪と刑罰についても，国民の代表である国会が制定する法律で定めることにより，民主的なコントロールを及ぼすべきだということである。これに対し，裁判官や行政府が勝手に犯罪と刑罰を定めることは，民主主義に反するから許されない。これを法律主義といい，憲法31条に定められている[*2]。

2. 罪刑法定主義の派生原則

では，犯罪と刑罰はあらかじめ法律で定めておきさえすればよいかというと，そうではない。中身も大切である。たとえば，仮に「マナー違反をした者は，1年以下の懲役に処する」という法律があったとしたらどうだろう。たしかに，あらかじめ法律

---

*1 | 憲法39条
「何人も，実行の時に適法であった行為又は既に無罪とされた行為については，刑事上の責任を問はれない。又，同一の犯罪について，重ねて刑事上の責任を問はれない。」

*2 | 憲法31条
「何人も，法律の定める手続によらなければ，その生命若しくは自由を奪はれ，又はその他の刑罰を科せられない。」

で定められてはいる。しかし，これでは「マナー違反」の内容を裁判官が好き勝手に決めてよいことになって民主主義に反するし，不意打ちをおそれて自由に行動できなくなる点で自由主義にも反する。犯罪と刑罰の内容は，できるだけ明確でなければならないのである。これを刑罰法規の明確性の原則という［→判例01］。さらに，たとえ明確だとしても，無害な行為を処罰する罰則や処罰範囲が広すぎる罰則は，自由を不当に制限するため適正性を欠き，許されない。内容は適正なものでなければならないのである。これを適正性の原則という［→判例01］。たとえば，マナー違反の内容を明確にして「電車内でスマートフォンを使って通話した者は，1年以下の懲役に処する」と定めればよいかというと，そうではない。内容が適正ではないからである。なぜ適正でないかというと，電車内でのスマートフォンを使った通話はマナー違反かもしれないが無害な行為であり*3，これを処罰することは自由の不当な制限だからである。明確性・適正性の原則に反する刑罰法規は，憲法31条に違反し無効であると解されている。

被告人に不利益な類推解釈も許されない［→判例02］。類推解釈とは，事柄Aに適用される規定はないが，Aと似ている事柄Bについての規定Xがあるときに，AがBと似ているという理由でXをAに適用することである。たとえば，医師による秘密漏示を処罰する134条1項*4を，看護師は医療従事者であるところが医師に似ているという理由で，看護師による秘密漏示に適用する場合がこれにあたる。類推解釈は，裁判官が勝手に法律を作り変えるようなものなので民主主義に反するし，不意打ちになる点で自由主義にも反する。よって，許されないのである。

*3｜現在，スマートフォンなどの携帯電話は，心臓ペースメーカーにほとんど影響を与えないとされる。また，通話は迷惑行為かもしれないが，刑罰で禁止するほど害はないと考えられる。

*4｜秘密漏示罪（134条1項）
「医師，薬剤師，医薬品販売業者，助産師，弁護士，弁護人，公証人又はこれらの職にあった者が，正当な理由がないのに，その業務上取り扱ったことについて知り得た人の秘密を漏らしたときは，6月以下の懲役又は10万円以下の罰金に処する。」

01 刑罰法規の明確性・広範性

福岡県青少年保護育成条例事件

最高裁昭和60年10月23日大法廷判決（刑集39巻6号413頁） ▶百選Ⅰ-2

事案をみてみよう

　被告人Xは，福岡県内において，当時16歳の少女Aが18歳に満たないことを知りつつAと性交したことから，福岡県青少年保護育成条例10条1項・16条1項違反で起訴され，第1審，控訴審で罰金の有罪判決を受けた。本条例（当時）は，小学校就学の始期から満18歳に達するまでの者を「青少年」と定義した上で（3条1項），「何人も，青少年に対し，淫行……をしてはならない。」と規定し（10条1項），その違反者に2年以下の懲役または10万円以下の罰金を科すとしていた（16条1項）。

　Xは，青少年との性交を一律に「淫行」として処罰する本条例は，結婚を前提とする真摯な合意に基づく性交をも処罰する点で処罰範囲が不当に広すぎ，また「淫行」の範囲が不明確であるとして，憲法31条違反などを理由に上告した。[*1]

*1 | 憲法31条
「何人も，法律の定める手続によらなければ，その生命若しくは自由を奪はれ，又はその他の刑罰を科せられない。」

*2 | Introduction（p.2）参照。

読み解きポイント

　罪刑法定主義の派生原則として，刑罰法規の明確性の原則と適正性の原則がある。[*2] 内容が不明確な刑罰法規や，処罰範囲が不当に広すぎ適正性を欠く刑罰法規は，憲法31条に違反し無効であると解されている。では，「淫行」を処罰する本条例10条1項・16条1項は，Xが主張するように，「淫行」の範囲が不明確で，処罰範囲が不当に広すぎるため，憲法31条に違反し無効であろうか。

判決文を読んでみよう

　「本条例10条1項，16条1項の規定（以下，両者を併せて『本件各規定』という。）の趣旨は，一般に青少年が，その心身の未成熟や発育程度の不均衡から，精神的に未だ十分に安定していないため，性行為等によって精神的な痛手を受け易く，また，その痛手からの回復が困難となりがちである等の事情にかんがみ，青少年の健全な育成を図るため，青少年を対象としてなされる性行為等のうち，その育成を阻害するおそれのあるものとして社会通念上非難を受けるべき性質のものを禁止することとしたものであることが明らかであって，右のような本件各規定の趣旨及びその文理等に徴すると，本条例10条1項の規定にいう⑴『淫行』とは，広く青少年に対する性行為一般をいうものと解すべきではなく，①青少年を誘惑し，威迫し，欺罔し又は困惑させる等その心身の未成熟に乗じた不当な手段により行う性交又は性交類似行為のほか，②青少年を単に自己の性的欲望を満足させるための対象として扱っているとし

か認められないような性交又は性交類似行為をいうものと解するのが相当である。けだし、右の『淫行』を広く青少年に対する性行為一般を指すものと解するときは、『淫らな』性行為を指す『淫行』の用語自体の意義に添わないばかりでなく、例えば婚約中の青少年又はこれに準ずる真摯な交際関係にある青少年との間で行われる性行為等、社会通念上およそ処罰の対象として考え難いものをも含むこととなって、その解釈は広きに失することが明らかであり、また、前記『淫行』を目して単に反倫理的あるいは不純な性行為と解するのでは、犯罪の構成要件として不明確であるとの批判を免れないのであって、前記の規定の文理から合理的に導き出され得る解釈の範囲内で、前叙のように限定して解するのを相当とする。このような解釈は通常の判断能力を有する一般人の理解にも適うものであり、⑵『淫行』の意義を右のように解釈するときは、同規定につき処罰の範囲が不当に広過ぎるとも不明確であるともいえないから、本件各規定が憲法31条の規定に違反するものとはいえ」ない。*3

> **この判決が示したこと**
>
> 「淫行」を判決文①と②のように限定解釈すれば、本条例10条1項・16条1項は、不当に広すぎるとも不明確であるともいえないから、憲法31条に違反しないとした。

解説

Ⅰ．「淫行」の明確性・広範性

青少年との性行為はすべて「淫行」に含まれると解釈すれば、「淫行」の意味は明確になる。しかし、そのように解釈すると、処罰範囲が不当に広がって、適正性を欠くことになる。婚約者との性行為など、処罰すべきでない性行為まで処罰範囲に含まれてしまうからである。そこで、本判決は、「淫行」を①と②に限定して解釈し（Point-1）、処罰範囲が広すぎるとする憲法違反の主張を斥けた（Point-2）*4。

同時に、本判決は、このように限定して解釈すれば「淫行」は不明確であるともいえないとして、不明確ゆえに違憲無効であるとの主張も斥けた（Point-2）。

Ⅱ．本判決（多数意見*5）に対する批判

本判決に対しては、3人もの裁判官から反対意見*6（本条例を違憲無効とする意見）が出た。すなわち、反対意見によると、本判決の限定解釈は「通常の判断能力を有する一般人の理解」の及びえないものであるから本条例の規定は不明確であり、また、そのような解釈は解釈の作業を超えた新たな立法作業であるから許されないとされる*7。さらに、本判決の②の解釈に対しても、性行為そのものは自己の性欲を満足させるために行われるのが通常であるから、処罰範囲の適切な限定になっていないとの反対意見が付されている。学説上も、本判決の解釈を疑問視するものが少なくない。

*3 | 本判決の結論
本判決は、Xの行為は②の場合にあたるとして、有罪判決を維持した。

*4 | 合憲限定解釈
判例は、本判決のように、処罰範囲を限定的に解釈することによって、刑罰法規自体が違憲無効とされることを回避する傾向にある。このような限定解釈を合憲限定解釈という。合憲限定解釈により違憲無効の主張を斥けた判例として、たとえば、最判平成19・9・18刑集61巻6号601頁（広島市暴走族追放条例事件）がある。

*5 | 多数意見
最高裁判所の裁判において裁判官の意見が分かれたときには、多数を占める意見が判決に採用される。これを多数意見（または法廷意見）という。

*6 | 反対意見
最高裁判所の裁判で裁判官の多数を占めなかった意見で、多数意見の結論に反対するもの。

*7 |
本判決の解釈は、立法機関である地方議会にしか作ることができないはずの条例を、司法機関である裁判所が解釈の名目で新たに作り出すもので、権力分立に反するから許されない、という意味。

02 類推解釈の禁止

ガソリンカー事件

大審院昭和15年8月22日判決（刑集19巻540頁）

事案をみてみよう

　鉄道会社の乗務機関士であった被告人Xは，昭和14年某日朝，定員50人のガソリンカーに乗務し，乗客90余名を乗せて定刻より約6分遅れて某駅を発車した。Xは，遅延時間を回復しようと急ぐあまり，曲線区間に制限速度を超過して進入したため，ガソリンカーを転覆させ冷却機等を破壊するとともに，乗客2名を死亡させ，80数名に重軽傷を負わせた。

　本件で問題となったのは，過失による「汽車」または「電車」の転覆等を処罰する過失汽車転覆等罪（129条）が成立するか，具体的には，ガソリンカーが「汽車」に含まれるかである。控訴審は，これを肯定し，本罪の成立を認めた。X側は，ガソリンカーは条文に書かれておらず，これを「汽車」の一種とみるのは刑罰法規の解釈として許されないとして上告した。

　なお，ガソリンカーとは，ガソリンエンジンを動力とする鉄道車両であり，汽車とは，通常，蒸気機関車がけん引する列車を指す。

*1 | **過失汽車転覆等罪（129条）**
過失により「汽車」または「電車」を転覆させ，または破壊する行為を処罰する。条文には「ガソリンカー」とは書かれていない。なお，Xは業務者なので，厳密には，業務上過失汽車転覆等罪（129条2項）の適用が問題となる。

*2 |
ガソリンカーは，気動車（電車ではない鉄道車両）の一種であるが，終戦直後に姿を消した。現在の気動車はディーゼルカーであり，ローカル線で見かける。

*3 |
Introduction（p.3）参照。

*4 |
たとえば，名誉毀損罪（230条1項）の客体である「人の名誉」にいう「人」には，自然人（生身の人間）だけでなく，会社や大学などの法人も含まれるとされるが，この解釈は，名誉毀損罪における「人」という言葉の可能な意味の範囲を超えるものではないから許される。これに対し，秘密漏示罪（134条1項）にいう「医師」に看護師を含めることはできない。看護師という言葉は，「医師」という言葉の可能な意味の範囲を超えるものだからである。

✓ 読み解きポイント

　罪刑法定主義の派生原則として，（被告人に不利益な）類推解釈の禁止がある。類推解釈とは，AとBは異なるが，似たようなものだから，Bについての規定をAに適用してよいとする解釈であるが，刑法では，これは許されない。もっとも，規定の趣旨や目的を考慮して，言葉の意味を広く解釈することまでは禁止されていない。これを拡張解釈という。ただし，拡張解釈にも限界があり，言葉の可能な意味の範囲を超えてはならないとされる。

　本件の場合，ガソリンカーは「汽車」とは異なるが，これと似ているという理由で，ガソリンカーの転覆・破壊に過失汽車転覆等罪を適用すると，類推解釈になる。これに対し，ガソリンカーは「汽車」という言葉の可能な意味の範囲に含まれるとすれば，それは拡張解釈である。

　本判決は，Xに過失汽車転覆等罪が成立するとしたが，その結論は，どのような解釈により導かれたのであろうか。

📖 判決文を読んでみよう

　「刑法第129条には，其の犯罪の客体を汽車，電車又は艦船と明記しあり。而も汽車なる用語は，蒸気機関車を以て列車を牽引したるものを指称するを通常とするも，

同条に定むる汽車とは，汽車は勿論本件の如き汽車代用の『ガソリンカー』をも包含する趣旨なり*5と解するを相当とす。蓋し刑法第124条乃至第129条の規定を設けたる所以のものは，交通機関に依る交通往来の安全を維持するが為め，之が防害と為るべき行為を禁じ，以て危害の発生を防止せんとするに在ること勿論なれば，汽車のみを該犯罪の客体と為し汽車代用の『ガソリンカー』を除外する理由なきのみならず，右両者は単に其の動力の種類を異にする点に於て重なる差異あるに過ぎずして，共に鉄道線路上を運転し多数の貨客を迅速安全且つ容易に運輸する陸上交通機関なる点に於て全然其の揆を一に」*6する。

> **⇩ この判決が示したこと ⇩**
>
> ガソリンカーは，通常は汽車とはいわないが，129条の「汽車」に含まれるとし，その理由を，交通往来の安全の維持という本条の目的と，ガソリンカーと汽車はいずれも鉄道車両であり動力が異なるにすぎないことに求めた。

解説

Ⅰ．本判決の解釈

本判決の解釈は，ガソリンカーは129条の「汽車」に含まれるとするものだから，拡張解釈の形をとっており，類推解釈ではない。

ただし，本判決が「汽車代用の『ガソリンカー』」と述べている点には注意が必要である。汽車代用というときの汽車は狭い意味での汽車（蒸気機関車にけん引される列車）であり，ガソリンカーはそれとは異なる代用の交通機関であるが，129条の「汽車」には狭い意味での汽車とその代用であるガソリンカーの両方が含まれる，という趣旨だと理解しなければならない。「ガソリンカーは本条の『汽車』ではなくその代用だが，『汽車』と似たようなものだから本条を適用してよい」と読んでしまうと，それは類推解釈になってしまうからである。

Ⅱ．本判決の問題点

問題は，本件当時ガソリンカーが「汽車」という言葉の可能な意味の範囲に含まれていたかである。これについては，本判決に直接の言及はないが，学説には，可能な意味の範囲を超えており，ガソリンカーを「汽車」に含めるのは無理だとする見方もある。

本判決の理由づけにも疑問の余地がある。本判決は，ガソリンカーと汽車はどちらも鉄道線路上を走る交通機関であり，単に動力が異なるにすぎないから，ガソリンカーを「汽車」に含めてよいとする。しかし，条文では，動力に注目して「汽車」と「電車」が書き分けられているのだから（＊1参照），動力の違いは軽視できないはずである。それにもかかわらず軽視してよいというのであれば，その理由が示されるべきであるが，本判決には示されていない。

---

*5｜現代語訳

「同条に定める汽車とは，汽車はもちろん，本件のような汽車の代用の『ガソリンカー』をも包含する趣旨である」。

*6｜現代語訳

「刑法第124条ないし第129条の規定を設けた理由は，交通機関による交通往来の安全を維持するために，その妨害となる行為を禁じ，もって危害の発生を防止しようとすることにあるのはもちろんであるから，汽車のみを当該犯罪の客体として汽車の代用の『ガソリンカー』を除外する理由はないのみならず，右両者は単にその動力の種類を異にする点において重大な差異があるにすぎず，ともに鉄道線路上を運転し多数の貨客を迅速安全かつ容易に運輸する陸上交通機関である点で全くその方法は同じである」。

犯罪成立といえるまでの考え方・判断のみちすじ

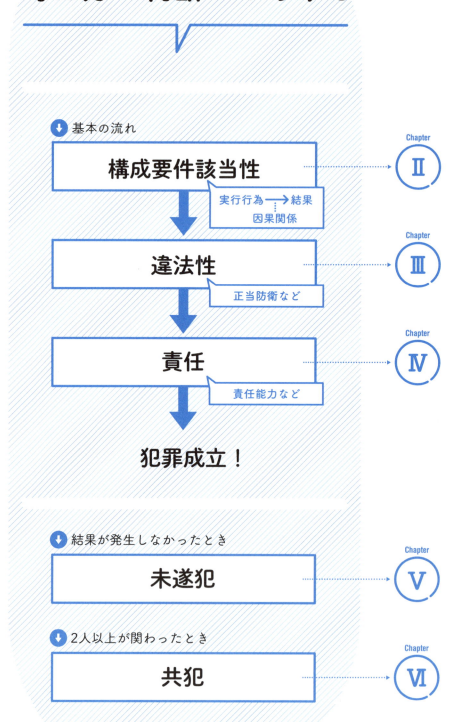

Chapter II 構成要件該当性

本章で学ぶこと

1. 因果関係
2. 不作為犯

　犯罪は，①人の行為が構成要件にあてはまり（構成要件該当性），②その行為に違法性が認められ（違法性），③その行為を行った者に責任が認められる（有責性）場合に成立する。犯罪が成立するかどうかの判断は，この3つの段階に分けて行われる。

　Chapter I で罪刑法定主義について学んだが，その考え方に基づき，いかなる行為をすれば犯罪となるのかが刑法の各条文で示されている。犯罪が成立するためには，まず，人の行為が各条文で示された「枠」にあてはまらなければならない。犯罪の成否を判断する過程において，人の行為がその「枠」にあてはまることを構成要件該当性という。これに対して，違法性と責任（有責性）の段階では，すでに構成要件該当性が認められた行為について，基本的にそれは犯罪が成立しうる行為ではあるけれども，犯罪の成立を否定する例外的な要件にあてはまることはないのかが検討される。

　構成要件は，実行行為，結果，そして両者の間の因果関係という3つの要素を内容とする。本章では，第1に，いかなる場合に因果関係が認められるのかについて学び（II-1），第2に，実行行為の一形態としての不作為について，いかなる場合にその不作為が犯罪となるのかについて学ぶ（II-2）。

Contents

- I 罪刑法定主義
- ココ！ II 構成要件該当性
- III 違法性
- IV 責任
- V 未遂犯
- VI 共犯

Introduction

Chapter II 構成要件該当性

Contents
ここ！ Ⅱ-1 因果関係
　　　 Ⅱ-2 不作為犯

因果関係

　Xは，Aを落とし穴に転落させて殺そうと考え，人が転落すれば死亡するような深い落とし穴を掘ってAを誘い出し，あと一歩でAが転落するところまでいったが，そこに偶然土佐犬[*1]が現れてAに襲いかかり，Aをかみ殺した（土佐犬事例）。この場合，Xに殺人罪（199条）は成立しない。Xの行為とAの死亡との間に因果関係がないからだ。このように，殺すつもりで危険なことをしても，死亡との間に因果関係がなければ，殺人罪は成立しない。この例からも，因果関係が重要であることがわかる。以下では，この因果関係について学ぶことにしよう。

＊1｜土佐犬
イヌの一品種。高知市一帯の原産。四国犬とマスチフなど西洋種の大形犬とを交配，闘犬として改良。体高60cm程度。番犬にもする（大辞林より）。

1．因果関係の意義

　殺人罪や傷害致死罪（205条）が成立するためには，殺人や傷害の実行行為がなされただけでは足りない。人の死亡という結果の発生も必要である。このように結果の発生を必要とする犯罪を結果犯という。もっとも，結果犯は，実行行為と結果さえあれば成立するというわけではない。さらに，両者の間に原因と結果の関係があることも必要である。この関係を因果関係という。

　因果関係は刑法上の概念であるから，自然科学的な意味の因果関係とイコールではない。それは，「その結果が生じたのはその行為のせいだ」という評価を含む法的な概念である。また，因果関係が否定された場合，結果犯は成立しないが，結果を除いた部分についての犯罪，たとえば殺人未遂罪（203条）や傷害罪（204条）は成立しうることに注意が必要である。

2．因果関係が問題となる事例

　土佐犬事例を変えて，Aが落とし穴に転落して死亡したとした場合，Xの行為とAの死亡との間に因果関係があることは明らかである。これに対し，因果関係が問題となるのは，次の2つの場合である。

（1）行為時に被害者に特殊事情があった場合

　通常であれば死なない程度の暴行を加えただけなのに，たまたま被害者に重い心臓病があったために被害者が心臓死した場合であっても，暴行と死亡との間の因果関係が認められるか。暴行した者にとって重い心臓病は偶然の特殊事情であり，このような偶然とあいまって結果が生じた場合に因果関係を認めるのは酷なようにも思われる

からである。

(2) 行為後に介在事情が生じた場合

土佐犬事例では，Xの行為とAの死亡までの間に土佐犬の襲撃という介在事情がある。このように介在事情を経由して結果が発生した場合であっても因果関係を認めてよいか。結果が発生したのは介在事情のせいで実行行為のせいではないと考える余地もありそうだからである。

3. 因果関係の判断方法

(1) 相当因果関係説

伝統的な通説は，実行行為と結果との間に条件関係（「あれなければこれなし」の関係）が認められることを前提に，実行行為から結果が発生することが相当な場合，つまり相当性が認められる場合に因果関係を肯定する（相当因果関係説）。ここにいう相当性とは，生活経験上ありうること，異常ではないことを意味する。これによれば，土佐犬事例の場合，Xの行為がなければAが土佐犬にかみ殺されることはなかったから条件関係はあるが，土佐犬の襲撃は異常なことであり，相当性がないから，因果関係は否定される。

(2) 危険の現実化

これに対し，判例は，行為（実行行為）の危険が結果へと現実化したといえる場合に因果関係を認めている。*2

この判断枠組みにおいては，行為の危険性は客観的に存在した全事情を基礎に判断される。よって，被害者の特殊事情も危険性の判断において考慮される。重い心臓病の事例の場合，重い心臓病があったことを考慮に入れると，暴行には被害者を心臓死させる危険があったことになり，この危険が心臓死へと現実化したといえるので，因果関係が肯定される［→判例03］。

行為後の介在事情の事例については，介在事情が結果に与えた寄与の度合い（寄与度）に注目する必要がある。介在事情の寄与度が小さい場合，それは危険の現実化を妨げる事情にならないので，危険の現実化が肯定され，因果関係が認められる［→判例04］。これに対し，寄与度が大きい場合には，介在事情の異常性にも注目する必要がある。*3 すなわち，介在事情の寄与度が大きくても，それが異常なものでなければ，因果関係は肯定される。異常でない，つまり行為から介在事情へと至ることが一般にありうることである場合には，介在事情を経由して結果を発生させる危険が行為の中に含まれており，この危険が結果へと現実化したといえるからである［→判例05, 判例06］。反対に，介在事情の寄与度が大きく，かつ異常な場合には，因果関係は否定される。この場合，介在事情を経由して結果を発生させる危険が行為に含まれているとはいえず，結果は，行為の危険が現実化したものとはいえないからである。土佐犬事例は，これにあたる。

行為後の介在事情の事例については，このように介在事情の寄与度と異常性がポイントになる。介在事情が第三者の行為か［→判例04］，被害者の行為か［→判例05］，被告人自身の行為か［→判例06］という点に重要な意味があるわけではない。

*2 たとえば，土佐犬事例を変えて，Xのねらいどおりに A が転落死したとした場合，XがAを落とし穴に誘い出す行為にはAを落とし穴に転落させて死亡させる危険があり，この危険がAの転落死という結果へと現実化したといえるので，因果関係が肯定される。なお，「危険〔性〕が現実化した」という表現を使った判例として，最決平成22・10・26刑集64巻7号1019頁（日航機ニアミス事件），最決平成24・2・8刑集66巻4号200頁（三菱自工トラック脱輪事件）がある。

*3 | 相当因果関係説と危険の現実化の関係

介在事情の寄与度が大きい場合には介在事情の異常性（相当性の裏返し）の有無が重要になるという意味で，相当因果関係説の相当性の判断は危険の現実化の判断の中に取り込まれているといえる。

03 被害者の特殊事情

老女布団むし事件[*1]

最高裁昭和46年6月17日判決（刑集25巻4号567頁）　▶百選Ⅰ-8

事案をみてみよう

被告人Xは，強盗の目的で，当時63歳のAの胸ぐらをつかんであおむけに倒し，左手で頸部（首）をしめつけ，右手で口部を押さえ，顔面を夏布団でおおい，鼻口部を圧迫するなどの暴行を加えてその反抗を抑圧し，金品を強取したところ，Aは，その場で急性心臓死するに至った。Aの心臓には高度の病変があったため，Aは，比較的軽微な暴行によっても心臓死に至る状態にあった。Aの病変は，Aの夫やかかりつけの医師でさえ知らないものであった。

第1審は，Aの死因はXの暴行によって誘発された急性心臓死であると認め，Xの暴行とAの死亡との間の因果関係を肯定し，Xに強盗致死罪（240条後段）が成立するとした。これに対し，控訴審は，死因について同様の理解を示しつつ，相当因果関係説[*2]の折衷説[*3]の立場から因果関係を否定し，強盗罪（236条1項）の成立を認めるにとどめた。

✓ 読み解きポイント

Xは，通常であれば人を死亡させない程度の暴行を加えただけなのに，たまたまAに重い心臓疾患という特殊事情があったために，これとあいまってAが死亡してしまった。このような場合であっても，Xの暴行とAの死亡との間の因果関係が認められるか。本件の場合，因果関係が認められれば重い強盗致死罪が成立するが，認められなければ強盗罪が成立するにとどまるので，因果関係の有無が重要な問題になる。控訴審は，相当因果関係説の折衷説に立って因果関係を否定した。では，本判決は，どのような判断を示したであろうか。

📖 判決文を読んでみよう

本判決は，次のように述べて，控訴審判決を判例違反として破棄し，差し戻した。

「<u>致死の原因たる暴行は，必ずしもそれが死亡の唯一の原因または直接の原因であることを要するものではなく，たまたま被害者の身体に高度の病変があったため，これとあいまって死亡の結果を生じた場合であっても，右暴行による致死の罪の成立を妨げない</u>と解すべきことは……当裁判所判例……の示すところであるから，たとい，原判示のように，被告人の本件暴行が，被害者の重篤な心臓疾患という特殊の事情さえなかったならば致死の結果を生じなかったであろうと認められ，しかも，被告人

[*1] 布団むし
いたずらなどで，人に布団をかぶせて押さえ込むこと（大辞林より）。

[*2] 相当因果関係説
Introduction（p.11）参照。

[*3]
相当因果関係説の折衷説は，行為時に一般人が認識しえた事情および行為者が特に認識していた事情を判断材料として，行為から結果が生じることが相当である（通常ありえなくはない）場合に因果関係を認める。この立場によれば，一般人に認識できず，行為者も知らないような隠れた病気は，相当性の判断材料から除外される。そして，このような病気のない人が，通常であれば死亡結果を生じさせない程度の暴行によって死亡することは通常ありえない，つまり相当ではないことになるため，因果関係は否定される。

が行為当時その特殊事情のあることを知らず，また，致死の結果を予見することもできなかったものとしても，その暴行がその特殊事情とあいまって致死の結果を生ぜしめたものと認められる以上，その暴行と致死の結果との間に因果関係を認める余地があるといわなければならない。」

> **この判決が示したこと**
>
> 死亡の原因となった暴行は，必ずしもそれが死亡の唯一の原因または直接の原因であることを要するものではなく，たまたま被害者の身体に高度の病変があったため，これとあいまって死亡の結果を生じた場合であっても，この暴行と死亡結果との間の因果関係は否定されないことを示した。

解説

I．問題の所在

因果関係の有無が問題となる事例は，行為時に被害者に病気等の特殊事情があった場合と，行為後に介在事情が生じた場合とに大別される。本件は，前者の代表例である。*⁴ この種の事例では，被害者の特殊事情，とりわけ，一般人に認識できず，行為者も知らないような隠れた病気等の特殊事情があったため，これとあいまって結果が生じた場合（特殊事情がなければ結果は生じなかったであろうという場合）であっても，行為と結果との間の因果関係が認められるかが問題となる。

II．本判決の立場

この種の事例につき，判例は，一貫して，被害者の特殊事情とあいまって結果が生じた場合であっても因果関係は否定されないとしてきた。しかし，昭和42年の米兵ひき逃げ事件最高裁決定*⁵で相当因果関係説に立つかのような判示がなされたため，それ以後，判例は相当因果関係説にシフトしたとの評価もみられるようになった。こうした中，控訴審は，相当因果関係説の折衷説を採用して因果関係を否定した。しかし，本判決は，控訴審判決を破棄し，従来の判例の立場を維持することを明らかにした。

III．「危険の現実化」の判断枠組みからの説明

本判決の結論は，「あれなければこれなし」といえる場合に因果関係を認める条件説からも，相当因果関係説の客観説*⁶からも説明することができる。しかし，現在の判例は，行為の危険が結果へと現実化したと評価できる場合に因果関係を認める「危険の現実化」の判断枠組みを採用しており，これにより説明することもできる。*⁷

この判断枠組みにおいては，行為の危険性は，行為時に存在した事情を基礎に客観的に判断される（一般人に認識できない事情も判断材料に入る）。本件の場合，Aは，比較的軽微な暴行でも心臓死に至る状態にあったのであるから，Xの暴行にはAを心臓死させる危険があったといえる。そして，この危険がまさにAの心臓死という結果へと現実化したと評価できることから，因果関係が認められることになる。

*4｜後者については，〔判例04〕〔判例05〕〔判例06〕参照。

*5｜最決昭和42・10・24刑集21巻8号1116頁（百選Ⅰ-9，〔判例04〕解説参照）。

*6｜相当因果関係説の客観説は，行為時に客観的に存在した全事情を相当性の判断材料に入れる。よって，この説によれば，一般人に認識できず，行為者も知らないような隠れた病気であっても，行為時に存在する以上，相当性の判断材料に入る。そして，このような病気のある人に暴行を加えた場合にその人が死亡することは通常ありえなくはない，つまり相当であると判断されるため，因果関係が肯定される。

*7｜危険の現実化
Introduction（p.11）参照。

04 行為後の介在事情（1）

大阪南港事件

最高裁平成2年11月20日決定（刑集44巻8号837頁） ▶百選Ⅰ-10

📖 事案をみてみよう

被告人Xは，午後8時頃から午後9時頃までの間，三重県所在の飯場[*1]において，洗面器の底や皮バンドでAの頭部等を多数回殴るなどの暴行を加えた結果，恐怖心による心理的圧迫等によって，Aの血圧を上昇させ，脳出血を発生させて意識消失状態に陥らせた。その後，Xは，Aを大阪南港所在の建材会社の資材置場まで自動車で運搬し，同日午後10時40分頃，同所に放置して立ち去ったところ，Aは，翌日未明，脳出血により死亡するに至った。資材置場においてうつぶせに倒れていたAは，その生存中，何者かによって角材でその頭頂部を数回殴られており，その暴行は，すでに発生していた脳出血を拡大させ，幾分か死期を早める影響を与えるものであった。

*1｜飯場
工事・採鉱などの労働者のため現場付近に設けられた宿泊設備（大辞林より）。

> ✓ **読み解きポイント**
>
> 本件では，Xの暴行とAの死亡との間に第三者の暴行という異常な介在事情があるが，それでも因果関係が肯定され，Xに傷害致死罪（205条）が成立するかが問題となる。この問題について，本決定は，どのような事実に注目して，いかなる結論を導いたであろうか。

📖 決定文を読んでみよう

「犯人の暴行により被害者の死因となった傷害が形成された場合には，仮にその後第三者により加えられた暴行によって死期が早められたとしても，犯人の暴行と被害者の死亡との間の因果関係を肯定することができ，本件において傷害致死罪の成立を認めた原判断は，正当である。」

> ⬇ **この決定が示したこと** ⬇
>
> 被告人の暴行により被害者の死因となった傷害が形成された場合には，その後第三者により加えられた暴行によって死期が幾分か早められたとしても，被告人の暴行と被害者の死亡との間には因果関係があることを示した。

👉 解説

Ⅰ. 問題の所在と本決定の意義

　第三者による暴行という介在事情は，Xの暴行の時点で予測できない異常なものである。このような異常な介在事情があるにもかかわらず，Xの暴行とAの死亡との間の因果関係を認めてよいか。この問題は，通説とされてきた相当因果関係説において深刻なものとなる。相当因果関係説は，伝統的には，介在事情が異常なものである場合には相当性を認めず，因果関係を否定する見解だと理解されてきたからである。

　本件は，死因となった傷害がXの暴行により形成され，第三者の暴行は死期を幾分か早めるものにすぎなかったという事案，より一般化していえば，結果発生の直接的な原因を設定したのは被告人の行為であり，介在事情が結果発生に寄与した度合い（寄与度）は小さかった事案である。このような場合には，たとえ介在事情が異常なもので，伝統的な相当因果関係説からは因果関係を肯定することに疑問が生じうるとしても，因果関係を肯定できるとしたところに，本決定の意義がある。

Ⅱ. 「危険の現実化」の判断枠組みからの説明

　本決定の結論は，行為の危険が結果へと現実化したと評価できる場合に因果関係を認める「危険の現実化」の判断枠組みによって説明することができる。すなわち，死因となった傷害を形成したXの暴行には，Aを当該傷害により死亡させる危険があったといえる。そして，第三者の暴行により死期が幾分か早まったものの，Aは当該傷害により死亡したことから，行為の危険が結果へと現実化したと評価され，因果関係が肯定される。

Ⅲ. 米兵ひき逃げ事件との比較

　本件と同じく介在事情が異常なものであった有名な事例として，米兵ひき逃げ事件がある。この事件で，最高裁は，因果関係を否定した。本件と米兵ひき逃げ事件は，介在事情が異常な点では同じなのに，結論が逆になったのはなぜか。「危険の現実化」の判断枠組みで検討すると，次のようになる。

　米兵ひき逃げ事件では，本件と異なり，結果発生の直接の原因を設定したのは被告人の衝突行為ではなく，同乗者による引きずり降ろしという介在事情であった可能性を排除できなかった。この場合，「疑わしきは被告人の利益に」の原則により，結果発生の直接の原因を設定したのは介在事情であるという前提で考えなければならない。つまり，米兵ひき逃げ事件の場合，介在事情は異常であるだけでなく，その寄与度も大きかった。それは，たとえていうと，包丁で腹部を刺された被害者の頭部に隕石が命中して被害者が頭部の傷害により死亡したようなものである。この場合，結果へと現実化したのは，介在事情に含まれる結果発生の危険であって，行為の危険が現実化したのではない。したがって，因果関係は否定されるのである。

---

*2｜相当因果関係説
Introduction（p. 11）参照。

*3｜危険の現実化
Introduction（p. 11）および［判例03］参照。

*4｜米兵ひき逃げ事件
最決昭和42・10・24刑集21巻8号1116頁（百選Ⅰ-9）。被告人が自動車を運転中，自転車に乗っていた被害者をはね飛ばし，自動車の屋根にはね上げられた被害者に気づかず運転を続けているうち，被害者に気づいた同乗者が被害者を屋根から引きずり降ろして路上に転落させ，死亡させたが，死因となった頭部の傷害が被害者をはね飛ばしたことにより生じたのか，路上に転落させたことにより生じたのか不明であったという事案。

05 行為後の介在事情（2）

高速道路進入事件

最高裁平成15年7月16日決定（刑集57巻7号950頁）　　▶百選Ⅰ-13

事案をみてみよう

　被告人Xら6名は，共謀の上，Aに対し，深夜の公園において約2時間10分にわたり間断なくきわめて激しい暴行を繰り返し，引き続きマンション居室において約45分間断続的に同様の暴行を加えた。Aは，すきをみてマンション居室から靴下履きのまま逃走したが，Xらに対し極度の恐怖感を抱き，逃走を開始してから約10分後，Xらによる追跡から逃れるため，マンションから約763mないし約810m離れた高速道路に進入し，自動車に轢かれて死亡した。

　本件では，Xらに傷害致死罪（205条）が成立するか，特にXらの暴行とAの死亡との間の因果関係が認められるかが争点となった。

　第1審は，Aには逃走先の選択の余地は多々あり，高速道路への進入は通常の予想の範囲外の行動であって，暴行の危険が現実化したものとはいえないとして，Xらの暴行とAの死亡との間の因果関係を否定した。これに対し，控訴審は，Aは追跡を逃れる最も安全な方法として高速道路への進入を即座に選択したのであり，それはAの置かれた状況に照らして異常なものとはいえないとして，Xらの暴行とAの死亡との間の因果関係を肯定し，傷害致死罪の成立を認めた。

✓ 読み解きポイント

　本件では，Xらの暴行とAの死亡との間に被害者A自身の高速道路への進入というきわめて危険な行為が介在し，その介在事情がAの死亡という結果の発生に寄与した度合い（寄与度）は大きい。このような場合であっても，Xらの暴行とAの死亡との間の因果関係は認められるであろうか。本決定がAの高速道路への進入をどのように評価したかに注目しながら，本決定を読み解こう。

📖 決定文を読んでみよう

Point

　「被害者が逃走しようとして高速道路に進入したことは，それ自体極めて危険な行為であるというほかないが，被害者は，被告人らから長時間激しくかつ執ような暴行を受け，被告人らに対し極度の恐怖感を抱き，必死に逃走を図る過程で，とっさにそのような行動を選択したものと認められ，<u>その行動が，被告人らの暴行から逃れる方法として，著しく不自然，不相当であったとはいえない</u>。そうすると，被害者が高速道路に進入して死亡したのは，被告人らの暴行に起因するものと評価することができ

るから，被告人らの暴行と被害者の死亡との間の因果関係を肯定した原判決は，正当として是認することができる。」

> ↓ この決定が示したこと ↓
> 介在事情である被害者の行為（Aが高速道路に進入したこと）は著しく不自然，不相当（異常）であったとはいえないことを理由に，被告人の暴行と被害者の死亡との間の因果関係が認められるとした。

 解説

Ⅰ．介在事情の寄与度が大きい場合の因果関係の判断

本件では，Xらの暴行とAの死亡との間に被害者Aのきわめて危険な行為（高速道路への進入）が介在し，それがAの死亡の直接の原因（自動車に轢かれること）を設定している。このように介在事情の結果発生への寄与度が大きい場合であっても，因果関係を肯定することができるか。[*1]

判例が採用する「危険の現実化」の判断枠組みによれば[*2]，この場合，介在事情の異常性が決め手となる[*3]。すなわち，介在事情の寄与度が大きくても，それが異常なものでなければ，因果関係を肯定することができる[*4]。介在事情が異常なものでない場合，つまり被告人の行為から介在事情へと至ることが一般にありうることである場合には，介在事情を経由して結果を発生させる危険が被告人の行為の中に含まれており，この危険が結果へと現実化したといえるからである。これに対し，介在事情の寄与度が大きく，かつ介在事情が異常なものである場合には，因果関係は否定される。この場合には，介在事情を経由して結果を発生させる危険が被告人の行為に含まれていたとはいえず，結果は，被告人の行為の危険が現実化したものとはいえないからである[*5]。

では，Aの高速道路への進入という介在事情は，異常なものであろうか。

Ⅱ．本決定について

本決定は，「著しく不自然，不相当であったとはいえない」という表現を使って，Aの高速道路への進入という介在事情は異常でないと評価した。高速道路への進入は，抽象的に考えれば，第1審が述べるように，通常の予想を超える異常なものかもしれない。しかし，Xらから長時間激しく執ような集団暴行を受けて極度の恐怖感を抱いたAが，周囲に助けを求めても直ちに救出されるとは限らない深夜に，必死に逃走を図る過程で高速道路に至ったという事実に照らせば，安全圏に脱する方法としてAがとっさに高速道路へ進入したことは，必ずしも異常なものとはいえないであろう。

このようにAの高速道路への進入が異常なものでないとすれば，Xらの暴行には，Aを高速道路に進入させてAを死亡させる危険が含まれており，この危険が，Aが自動車に轢かれて死亡するという結果へと現実化したといえる。本決定は，このように判断して，因果関係を認めたものと理解することができる。

[*1] 介在事情の寄与度が小さい場合については，［判例04］参照。

[*2] 危険の現実化
Introduction（p.11）および［判例03］［判例04］参照。

[*3] この点は，介在事情が異常なものである場合に相当性を否定し，因果関係を認めない相当因果関係説においても同様である。

[*4] このような場合の例として，［判例06］のほか，夜間潜水事件（最決平成4・12・17刑集46巻9号683頁［百選Ⅰ-12］），トランク監禁致死事件（最決平成18・3・27刑集60巻3号382頁［百選Ⅰ-11］）がある。

[*5] このような場合の代表例が米兵ひき逃げ事件である。これについては，［判例04］解説参照。

06 行為後の介在事情(3)

砂末吸引事件

大審院大正12年4月30日判決(刑集2巻378頁)　　▶百選Ⅰ-15

事案をみてみよう

被告人Xは，Aの殺害を決意し，熟睡中のAの頸部（首）を麻縄で絞扼した（絞扼行為）。Aが身動きしなくなったので，Xは，Aが死亡したと誤信し，犯行の発覚を防ぐ目的でAを近くの海岸砂上に運び，同所に放置した（放置行為）。Aは，放置された時点では生きていたが，海岸で砂を吸引し，頸部絞扼と砂の吸引により死亡した。

裁判では，Xに殺人罪（199条）が成立するかが争われた。

*1｜絞扼
しめつけること。または，しめつけられること（大辞林より）。

読み解きポイント

Xは，放置行為の時点では，すでにAは死んだものと思っており，殺意がないので，放置行為を殺人罪の実行行為とみることはできない。そこで，殺意のあった絞扼行為を殺人罪の実行行為とみることになる。ここで，Aが絞扼行為のみで死亡したのであれば，実行行為と結果との間に因果関係があることは明らかであり，殺人罪が成立することに何ら問題はない。しかし，本件は，そう単純ではない。絞扼行為とAの死亡との間にX自身による放置行為が介在しており，しかも，この介在事情によりAが砂を吸引したことがAの死亡に大きく寄与したと考えられるからである。このように結果発生への寄与度が大きい介在事情があったとしても，絞扼行為とAの死亡との間に因果関係があるといえるだろうか。

判決文を読んでみよう

「被告の殺害の目的を以て為したる行為の後，被告がAを既に死せるものと思惟して，犯行発覚を防ぐ目的を以て海岸に運び去り砂上に放置したる行為ありたるものにして，此の行為なきに於ては，砂末吸引を惹起すことなきは勿論なれども，本来前示の如き殺人の目的を以て為したる行為なきに於ては，犯行発覚を防ぐ目的を以てする砂上の放置行為も亦発生せざりしことは勿論にして，之を社会生活上の普通観念に照し被告の殺害の目的を以て為したる行為とAの死との間に原因結果の関係あることを認むるを正当とすべく，被告の誤認に因り死体遺棄の目的に出でたる行為は，毫も前記の因果関係を遮断するものに非ざるを以て，被告の行為は刑法第199条の殺人罪を構成する」。

*2｜現代語訳
「社会生活上の普通観念に照らし，被告人が殺害の目的で行った行為とAの死との間に原因結果の関係があることを認めるのを正当とすべきであり」。

> ↓ **この判決が示したこと** ↓
>
> 社会生活上の普通観念（普通の考え）に照らし，殺人の実行行為（絞扼行為）と被害者の死亡との間には因果関係があるとして，殺人罪の成立を認めた。

 解説

Ⅰ．介在事情の寄与度が大きい場合の因果関係の判断

本件では，Ｘの絞扼行為とＡの死亡との間に被告人Ｘ自身による放置行為が介在し，それがＡの死亡に大きく寄与している。このように介在事情の結果発生への寄与度が大きい場合であっても，因果関係を肯定することができるか。[*3]

判例が採用する「危険の現実化」[*4] の判断枠組みによれば，この場合，介在事情の異常性が決め手となる。[判例05]（高速道路進入事件）の解説で述べたように，介在事情の寄与度が大きくても，それが異常なものでない場合，つまり，実行行為から介在事情へと至ることが一般にありうることである場合には，介在事情を経由して結果を発生させる危険が実行行為に含まれており，この危険が結果へと現実化したといえるため，因果関係が肯定される。これに対し，介在事情の寄与度が大きく，かつ介在事情が異常なものである場合には，介在事情を経由して結果を発生させる危険が実行行為に含まれていたとはいえず，結果は，実行行為の危険が現実化したものとはいえないため，因果関係は否定される。

では，Ｘの放置行為は，一般にありえない異常なものであろうか。

Ⅱ．本判決について

本判決は，社会生活上の普通観念（普通の考え）に照らし因果関係があるとしか述べておらず，放置行為それ自体の異常性には言及していない。しかし，Ｘの放置行為は，異常なものではないといってよいであろう。殺人行為の後に犯人が犯行の発覚を防ぐために被害者を山の中や海岸まで運んで放置することは，何らめずらしいことではないからである。

このようにＸの放置行為が異常なものでないとすれば，Ｘの絞扼行為には，それに続く放置行為によりＡに砂を吸引させてＡを死亡させる危険が含まれており，この危険が，Ａが砂を吸引して死亡するという結果へと現実化したといえる。Ｘの絞扼行為とＡの死亡との間に因果関係があるとした本判決の結論は，このように説明することができる。

Ⅲ．被告人の行為が介在した場合の因果関係の判断

なお，本件は，介在事情が被告人自身の行為であった点に特徴があるが，[*5] 以上の説明から明らかなように，この点は因果関係の判断に影響しないと考えてよい。[*6] 重要なのは，介在事情の寄与度と異常性である。

[*3] 介在事情の寄与度が小さい場合については，[判例04]参照。

[*4] **危険の現実化**
Introduction (p.11) および [判例03][判例04][判例05]参照。

[*5] この点が[判例05]（高速道路進入事件）と異なる。

[*6] ただし，死の結果の二重評価の問題について考えておく必要がある。本件の場合，放置行為とＡの死亡との間にも因果関係があることは否定できず，しかも，Ａが死んだと勘違いして放置行為に及んだ点に過失があるといえるから，放置行為は過失致死罪（210条）にあたる。そうすると，絞扼行為につき殺人罪，放置行為につき過失致死罪が成立することになり，死の結果を二重に評価していないかという疑問が生じる。しかし，過失致死罪は殺人罪に吸収されて殺人罪一罪で評価されると考えれば，この疑問は解消できる。以上のことは，過失行為の後に殺人行為が行われた場合（最決昭和53・3・22刑集32巻2号381頁〔百選Ⅰ-14〕）にもあてはまる。このように考える見解が有力である。

Chapter II 構成要件該当性

Introduction

Contents
II-1 因果関係
ココ！II-2 不作為犯

不作為犯

母親Xは，1歳のわが子Aを自宅の前に置いた小さなプールで水遊びさせていたところ，自宅内で電話が鳴ったため，Aを遊ばせたままにしてその場を離れた。電話を終えて戻ったところ，Aは水に顔を沈めてぐったりしていた。しかし子育てに疲れていたXは，Aが死んでしまえばいいと考え，Aを助けることもなくそのまま放置し，その結果，Aは死亡した。この事例を読めば，XはAを助けるべきで，Aを助けなかったXは処罰されるべきだと誰もが思うだろう。それでは，どのような理由からXは処罰されるのか。以下では，このような問題について考えてみよう。

1. 不作為犯とは

犯罪の形態には，作為犯と不作為犯がある。たとえば，殺人罪（199条）において，人を包丁で刺して死亡させる場合が作為犯である。これに対して，エンピツくんが挙げた事例のように，人を助けないことで死亡させるのが不作為犯である。危険な行為を「する」のが作為犯であるのに対して，するべき行為を「しない」のが不作為犯である。

刑法では，「……をしなかった者は」として，誰が何をしなかった場合に犯罪となるのかが明確に規定されているものもある。しかし，たとえば，殺人罪では「人を殺した」，放火罪（108条以下）では「放火して」としか書かれていないが，上の例のように不作為で実現される場合もある。このような場合，つまり，殺人罪や放火罪のように通常は作為での実現が予定されている犯罪を不作為で実現する場合のことを「不真正不作為犯」というが，誰が何をしなかった場合に犯罪となるのかが明確ではない。そこで，不真正不作為犯は，いかなる場合に成立するのかが問題となる。

2. 不真正不作為犯の成立要件

（1）因果関係

ある犯罪において結果の発生がその成立に必要とされているのであれば，その成立には，結果の発生だけでなく，実行行為と結果との間の因果関係も必要となる。このことはその行為が不作為の場合であっても変わらない。たとえば，不作為による殺人罪においては，助けなかったという不作為と死亡結果との間に因果関係があって初めて殺人既遂罪が成立する。特徴的なのは，不作為犯の因果関係は，「不作為がなけれ

*1 このように，特定の不作為が明示的に犯罪行為として規定されているものを「真正不作為犯」という。たとえば，「要求を受けたにもかかわらずこれらの場所〔人の住居等〕から退去しなかった者」を処罰する不退去罪（130条）が，真正不作為犯の例である。

*2 作為犯の因果関係については，II-1（p.10以下）参照。

ば（期待された作為を行っていれば），結果は回避された」といえる場合に肯定されることである。つまり，結果を回避できたか（結果回避可能性）が問われるのである。ただ，結果回避の可能性は，単にあるか否かだけでなく，どの程度の可能性があれば因果関係を認めることができるのかが問題となる。たとえば，エンピツくんの事例で，発見時に直ちに抱き起こして病院に搬送していれば間違いなく救命することができたという場合に，因果関係が認められることに問題はないと思われるが，それでは，搬送すれば50％の確率で救命できたかもしれないという場合であればどうだろうか［→判例 07］。

（2） 作為義務

（1）で示したような因果関係を持つ不作為者（たとえば，被害者を救助すれば命を救うことはできたけれども救助しなかった者）は多数存在しうるが，すべての不作為者に不作為犯が成立するわけではない。不作為犯は，「何もしないこと」ではなく，「するべき行為をしないこと」を内容とする。すなわち，不作為犯の成立には，前提として，その人がある行為をしなければならないということが必要なのである。これが作為義務であり，作為義務を有する者の不作為にのみ不作為犯は成立する。たとえば殺人罪では人を助けなければならない義務，放火罪では消火をしなければならない義務が，不作為犯の成立に必要である。それでは，エンピツくんの事例では，母親Ｘには作為義務があると考えられるかもしれないが，発見をしたのが隣に住む人や通行人であった場合に，それらの人も作為義務を持つのだろうか。そこで，作為義務はどのような場合に認められるのか，すなわち作為義務の発生根拠が重要となる。判例は，不作為者が被害者の親族であったことや，その場に助けられる者がほかに誰もいなかったこと（排他的支配），回避すべき危険がそもそも不作為者自身が作り出したものであったこと（先行行為）などの要素を複数考慮して作為義務の有無を判断する［→判例 08，判例 09］。

なお，不真正不作為犯の成立要件として，因果関係と作為義務以外にも，作為可能性・作為容易性が挙げられる（もちろん故意犯であれば故意も必要となる）。

*3｜作為可能性

不真正不作為犯成立の前提には，不作為者が当該状況において，義務づけられた行為を現に果たすことができたことが必要である。たとえば，池でおぼれているわが子を助ける作為義務が母親にあるとされる場合でも，母親に泳ぐ能力があることが求められるのである。

*4｜作為容易性

不真正不作為犯では特定の者に結果を回避する行為を負担させることになるから，不真正不作為犯成立の前提には，その負担を要求しうるという意味での容易性が必要である。たとえば，自宅が火事になった際，自宅に取り残されたわが子を母親が助け出すべきだとしても，大やけどを負う可能性がある場合にまで救助を義務づけることはできない。

07 不作為の因果関係

覚せい剤注射事件

最高裁平成元年12月15日決定（刑集43巻13号879頁）　　▶百選Ⅰ-4

🔍 事案をみてみよう

被告人Xはホテルの客室でA女に対し午後9時半頃と午後11時すぎ頃の2回にわたり覚せい剤を注射したが，その後しばらくしてAの様子がおかしくなり，頭痛，胸苦しさ，吐き気を訴え，それが徐々に高まり，翌日午前0時半頃には錯乱状態に陥り，唸り声をあげて苦しみ，Xの問いかけにも正常な応答ができず，意味不明の言葉を発するなどした。午前1時40分頃にはAは全裸で倒れてうめき声をあげるなど重篤(じゅうとく)な状態に陥ったが，Xは午前2時すぎ頃，Aを同室内に放置したまま立ち去った。Aは数時間後，同室内において死亡した。

第1審は保護責任者不保護致死罪（219条）の成立を否定し，同不保護罪（218条）の成立にとどめたのに対し，控訴審は同致死罪の成立を認めた。[*1]

> ### ✓ 読み解きポイント
>
> 本件では，保護責任者であるXがAのために救急医療を要請しなかったこと（不作為）とAの死亡との間の因果関係の存否が問題となった。不作為の因果関係については，「不作為がなければ（期待された作為を行っていれば），結果は回避された」といえれば，因果関係が認められるとされる。ただしここでは，（実際にはなされなかった）期待された作為によって結果が回避できたかを問う仮定的判断となる。そのため，結果回避可能性は単にあるか否かだけでなく，どの程度の結果回避可能性があれば因果関係を肯定できるのかが問題となる。
>
> 本件で第1審は因果関係を否定したことで保護責任者不保護罪の成立にとどめたのに対し，控訴審は因果関係を肯定して同致死罪の成立を認めた。本決定は控訴審と同様に因果関係を肯定したが，その理由に注目して読み解こう。[*2]

📖 決定文を読んでみよう

「被害者の女性が被告人らによって注射された覚せい剤により錯乱状態に陥った午前零時半ころの時点において，直ちに被告人が救急医療を要請していれば，同女が年若く（当時13年），生命力が旺盛で，特段の疾病(しっぺい)がなかったことなどから，十中八九同女の救命が可能であったというのである。そうすると，同女の救命は合理的な疑いを超える程度に確実であったと認められるから，被告人がこのような措置をとることなく漫然同女をホテル客室に放置した行為と午前2時15分ころから午前4時ころまでの間に同女が同室で覚せい剤による急性心不全のため死亡した結果との間には，

[*1] 遺棄罪には，単純遺棄罪（217条）に加えて，「老年者，幼年者，身体障害者又は病者を保護する責任のある者」（保護責任者）による場合を特に重く処罰する保護責任者遺棄罪（218条）がある。保護責任者遺棄罪では遺棄だけでなく不保護も処罰の対象とされる。両遺棄罪には同致死傷罪もある（219条）。

[*2] 本件は真正不作為犯（保護責任者不保護罪もこれに属する）での判断であるが，不真正不作為犯でも同様の理解があてはまる。

Point

刑法上の因果関係があると認めるのが相当である。」

> ⇩ この決定が示したこと ⇩
>
> 不作為の因果関係について，期待された作為（本件では，救急医療を要請すること）を行うことによって，被害者の救命は「合理的な疑いを超える程度に確実であった」といえるから因果関係があるとした。

解説

Ⅰ．不作為の因果関係の判断

　不作為の因果関係については，「無から有は生じない」としてその因果関係の存在自体に疑問を向ける見解もあるが，しかし不作為とは何もしなかったことではなく，期待された作為をしなかった（何かをしなかった）ことである。そのため，不作為の因果関係の存否は，（先に述べたとおり）「不作為がなければ（期待された作為を行っていれば），結果は回避された」といえるかを基準に判断される。そして因果関係を肯定するためには，この結果回避可能性が単に存在するだけでは足りない。本決定が示すとおり，「合理的な疑いを超える程度に確実」な結果回避可能性が求められるのである。反対に，この程度の確実な結果回避可能性が見込まれない場合には，不作為と結果との間の因果関係は否定されることとなる。*3

Ⅱ．本件での因果関係の判断

　本件では，Ａが錯乱状態に陥った午前０時半頃の時点で直ちに救急医療を要請することが義務の内容とされ，それをしなかったこととＡの死亡結果との間の因果関係が問題とされた。第１審はその因果関係を否定し，控訴審・本決定がそれを肯定したことで結論を分けたが，しかし不作為の因果関係を肯定するためには確実な結果回避可能性が求められるという判断枠組み自体は同様であった。どの時点での不作為を問題とするか，および医師による鑑定結果の理解の仕方に違いがあったにすぎない。

　なお，本決定はその因果関係の判断に際し「十中八九同女の救命が可能であった」点を示すが，それは80％ないし90％の可能性で結果が回避できればよいというような数値を示したものではない。本決定がその後で，「同女の救命は合理的な疑いを超える程度に確実であったと認められる」と示していることからも，ほぼ間違いないという程度の結果回避可能性を求めているものと理解される。

*3
適切な救命措置によって被害者が救命される可能性はあるものの，死亡した可能性もあるとして，保護責任者不保護罪の成立にとどめた事例として，札幌地判平成15・11・27判タ1159号292頁。

08 不作為による殺人

シャクティパット事件

最高裁平成17年7月4日決定（刑集59巻6号403頁） ▶百選Ⅰ-6

事案をみてみよう

　被告人Xは，手の平で患部をたたいてエネルギーを患者に通すことにより自己治癒力を高める「シャクティパット」と称する治療を施す特別な能力を持つなどとして信奉者を集めていた。Xの信奉者であったAが脳内出血で倒れて入院し，意識障害のため痰の除去や水分の点滴等を要する状態にあった際，Xは，Aの息子BからAに対する治療を依頼された。そこで，Xは，Aを退院させるのは無理であるとする主治医の警告等を知りながら，Bらに指示して，医療措置が必要な状態にあるAを入院中の病院からホテルまで運び出させた。ホテルにおいてAに対する治療をBからゆだねられたXは，Aの容態をみて，そのままでは死亡する危険があることを認識したが，自己の指示の誤りが露呈することを避ける必要などから，未必的な殺意を持って，Aの生命維持のために必要な医療措置を受けさせないままAを約1日の間放置し，痰による気道閉鎖に基づく窒息によりAを死亡させた。

✓ 読み解きポイント

　本決定では，XがAに必要な医療措置を受けさせなかったこと（不作為）について，殺人罪（199条）の成立が認められた（不作為による殺人）。殺人罪は通常，けん銃を発砲する等の積極的な行為（作為）によってなされる。しかし一定の場合には，被害者を救助しないという不作為についても同罪が成立するとされる。もちろん救助しなかったすべての者に不作為犯が成立するわけではない。被害者を救助しなければならない義務（作為義務）[*1]があるのに，それをしなかった者にのみ不作為犯は成立する。本決定はいかなる根拠からXに作為義務を認めたのだろうか。その理由に注目して読み解こう。

[*1] 作為義務を負う地位のことを「保障人的地位」という。

📖 決定文を読んでみよう

　「被告人は，①自己の責めに帰すべき事由により患者の生命に具体的な危険を生じさせた上，患者が運び込まれたホテルにおいて，②被告人を信奉する患者の親族から，重篤な患者に対する手当てを全面的にゆだねられた立場にあったものと認められる。その際，被告人は，患者の重篤な状態を認識し，これを自らが救命できるとする根拠はなかったのであるから，直ちに患者の生命を維持するために必要な医療措置を受けさせる義務を負っていたものというべきである。それにもかかわらず，未必的

な殺意をもって，上記医療措置を受けさせないまま放置して患者を死亡させた被告人には，不作為による殺人罪が成立」する。

> ↓ **この決定が示したこと** ↓
>
> 作為義務（本件では，医療措置を受けさせる義務）の発生根拠に関し，①被害者を病院から運び出させたことによりその生命に危険を生じさせた先行行為，②被害者の手当てに関する保護の引受け・排他的支配に基づき作為義務を肯定した。

 解説

Ⅰ．作為義務の発生根拠に関する判例の理解

作為義務はどのような場合に認められるのか，すなわち，作為義務の発生根拠は，不作為犯の成立要件における最も重要な論点である。その発生根拠について，判例では複数の要素が考慮されるのが通常である。たとえば，ⓐ親族・契約関係および排他的支配が重視された事例[*2]，ⓑ先行行為および排他的支配が重視された事例[*3]などがある。

Ⅱ．本決定における作為義務発生根拠

本決定では，①運び出しの指示による先行行為，②保護の引受け・排他的支配に基づき，Xの作為義務が認められた。②に関し，排他的支配といえば，その場に被害者と不作為者だけがおり，まさに当該不作為者しか救助できる者がいないという状況がイメージされる。しかしここでは，当該不作為者（X）の周囲に被害者の家族等（Bら）がいたとしても，実際に被害者（A）に医療措置を受けさせるかどうかを左右できたのは当該不作為者だけであったということ（その救助が当該不作為者に依存していたこと）に着目して排他的支配が肯定されている。

本決定が上記①②に基づいて作為義務を肯定したとしても，その両方の要素が認められなければ作為義務が肯定されないということまで示しているわけではない。ただし本件では，Aの息子BはXを信奉するからこそXの指示に従いAを運び出し，また，手当てをXに全面的にゆだねたのもXを信奉するからこそであったのであれば，本件での先行行為と排他的支配は，必ずしも独立した並列的関係ではなく，両方の要素が車の両輪のような関係でもって救助の期待を法的義務にまで押し上げたものと思われる。

[*2] 大判大正4・2・10刑録21輯90頁，東京高判昭和35・2・17下刑集2巻2号133頁，名古屋地岡崎支判昭和43・5・30下刑集10巻5号580頁，福岡地久留米支判昭和46・3・8判タ264号403頁。

[*3] ひき逃げに関する事案である東京高判昭和46・3・4高刑集24巻1号168頁。また，傷害を負わせた後に医療措置を受けさせずに死亡させた事案である東京地八王子支判昭和57・12・22判タ494号142頁（被害者を「支配領域内に置いていた」とされた）。

09 不作為による放火

火鉢事件

最高裁昭和33年9月9日判決（刑集12巻13号2882頁）　　▶百選Ⅰ-5

事案をみてみよう

　被告人Xは，某営業所事務室において，ひとり自席で，火鉢に多量の木炭をついで股火鉢[*1]をしながら残業をしていた。火鉢は自席の木机の下にあり，そばには原符[*2]約3万7千枚が収められたボール箱3個が置かれていた。午前2時頃，Xは仮眠をとるために同所を離れるが，その際，火鉢の炭火はよく燃えており，火鉢をそのまま放置すれば周囲の可燃物に引火する危険があったにもかかわらず，火鉢を安全な場所に移したり，炭火を弱めたりすることなく，そのままほかに誰もいない同所を離れた。午前3時45分頃，仮眠から覚めたXが事務室に戻ったところ，炭火の過熱から前記ボール箱に引火し，さらに自席の机に延焼しているのを発見した。その時点で，自らあるいは他の宿直員の協力のもとで容易に消火できたにもかかわらず，Xは，そのまま放置すれば火勢が拡大して営業所建物に延焼し焼損するに至ることを認識しながら，自己の失策が発覚するのをおそれて，同建物が焼損することを認容しつつ，何の処置もすることなく同所を立ち去った。火はそのまま燃え広がって他の宿直員が現在する営業所建物1棟を全焼したほか，隣接する家屋・倉庫7棟を全焼するなどした。

　第1審・控訴審とも不作為による現住建造物等放火罪（108条）[*3]の成立を認めた。これに対しX側が，それはその成立に「既発の火力を利用する意思」[*4]を求めてきた判例に反すると主張し上告した。

*1 | 股火鉢
火鉢にまたがるようにして暖をとること（大辞林より）。

*2 | 原符
領収書等，財務上の証拠書類。

*3 | 現住建造物等
　　　放火罪（108条）
同罪は，現に人が住居に使用する建造物（現住建造物）か，現に人がいる建造物（現在建造物）に放火し，焼損した場合に成立する（汽車，電車，艦船，鉱坑も同罪の客体に含まれる）。たとえば，本件の営業所建物のように住居ではない建造物が焼損した場合，同罪成立の前提として，その建造物に人が現在する必要がある。

*4 | 既発の火力を
　　　利用する意思
不作為による放火罪の成立に必要とされた主観的要素。結果発生の認容以上の，意図的な放置を意味するとされる。被害者殺害の罪跡隠滅目的での火災の放置（大判大正7・12・18刑録24輯1558頁），保険金取得目的での火災の放置（大判昭和13・3・11刑集17巻237頁）でそれが認められている。

✓ 読み解きポイント

　現住建造物等放火罪にいう「放火して」とは，通常それはマッチ等で火をつける積極的な行為（作為）によってなされる。これに対して，Xの行為は，消火行為をしなかったという不作為にすぎない。不作為犯では作為義務がある者の不作為にのみ犯罪が成立するが，不作為による放火罪の場合，いかなる根拠から作為義務（消火義務）があるといえるのか。他方，その成立に，（X側が主張するように）「既発の火力を利用する意思」という特別な主観的要素の存在も必要なのか。本判決は不作為による放火罪の成立を認めたが，それを認めた根拠に注目して読み解こう。

📖 判決文を読んでみよう

(1)（炭火から周囲の可燃物に引火することは容易に予見できたにもかかわらず，容易になしうる引火防止措置をとらずにその場を立ち去った結果，）「右炭火の過熱から前記ボール箱入

原符に引火し更に右木机に延焼発燃したという事実は，被告人の重大な過失によって右原符と木机との延焼という結果が発生したものというべきである。この場合，被告人は自己の過失行為により右物件を燃焼させた者（また，残業職員）として，これを消火するのは勿論，右物件の燃焼をそのまま放置すればその火勢が右物件の存する右建物にも燃え移りこれを焼燬するに至るべきことを認めた場合には建物に燃え移らないようこれを消火すべき義務あるものといわなければならない」。

(2) 「被告人は自己の過失により右原符，木机等の物件が焼燬されつつあるのを現場において目撃しながら，その既発の火力により右建物が焼燬せられるべきことを認容する意思をもってあえて被告人の義務である必要かつ容易な消火措置をとらない不作為により建物についての放火行為をなし，よってこれを焼燬したものである」。「大審院判例の趣旨も本判決の趣旨と相容れないものではな〔い〕」。

> ↓ **この判決が示したこと** ↓
>
> 被告人が残業中の職員であることも考慮しつつ，重大な過失という被告人の先行行為に基づき作為義務（消火義務）を認めた（判決文(1)）。その上で，被告人の主観面の認定について，「既発の火力を利用する意思」があることを求めることはせず，建物の焼損を「認容する意思」があったことでもって放火罪の成立を認めた（判決文(2)）。

解説

Ⅰ．特別な主観的要素？

判決文(2)に関し，大審院判例では「既発の火力を利用する意思」を持って消火しなかった者に不作為による放火罪の成立を認めていた。逆に，「既発の火力を利用する意思」の不存在ゆえにそれを否定した裁判例もあった。これに対し本判決は，大審院判例は既発の火力を利用する意思がないときに不作為犯の成立を認めることができないとしているわけではないと理解し，「認容」があれば足りるとしたものである。不作為による放火罪成立に，故意以上の特別な主観的要素は必要とされてはいない。

Ⅱ．作為義務の発生根拠

そこで，不作為による放火罪に関する作為義務の発生根拠が問題となる（判決文(1)）。判例では不作為による放火罪の成立を認めるにあたって，①出火の原因が不作為者自身の過失にあること，②不作為時には消火が容易であったことが認められ，また事実状況として，③不作為者のみが火元にいたことが読み取れる場合が多い。それらの要素を作為義務の発生根拠論に引き直せば，先行行為（①），排他的支配（③），作為の容易性（②）ということになる。自らの過失から出火し，消火の初動は当該不作為者にしかできず（消火は当該不作為者に依存していた），しかもそれは容易であった，このような要素があれば，そこから生じる結果の重大性を考慮するとき，消火の期待が法的義務を課すほどに（その不履行に可罰性を認めるほどに）高まるといえるのだと思われる。本判決にもこうした理解があてはまる。

---

*5 放火罪の現在の規定にいう「焼損した者」という文言は，平成7年の刑法の口語化以前の規定では「焼燬したる者」とされていた。

*6 前掲大判大正7・12・18，前掲大判昭和13・3・11参照。

*7 福岡高判昭和29・11・30高刑裁特1巻11号509頁。

*8 本件の第1審も，容易に消火しうる状態であったことを認める。

*9 作為犯との「同視可能性（同価値性）」が認められるということである。

Step Up もう一歩先へ

因果関係についての判例のうち重要なものをいくつか取り上げ、「危険の現実化」の判断枠組みで分析してみよう。

1. 米兵ひき逃げ事件

被告人が自動車を運転中、過失により被害者をはね飛ばし、自動車の屋根にはね上げたところ、同乗者が屋根から引きずり降ろして路上に転落させ、被害者が死亡したが、死因となった傷害が被害者をはね飛ばしたことにより生じたのか同乗者が被害者を路上に転落させたことにより生じたのか不明であったという事案について、最決昭和42・10・24刑集21巻8号1116頁（百選Ⅰ-9）は、被告人の過失行為と被害者の死亡との間の因果関係を否定し、業務上過失致死罪（現在の過失運転致死罪〔自動車運転致死傷5条〕）は成立しないとした。

「疑わしきは被告人の利益に」の原則により、死因となった傷害は同乗者による引きずり降ろしという介在事情により生じたものとして検討すると、この介在事情の寄与度は大きい。しかも、同乗者が被害者を引きずり降ろすというのは異常なことである。よって、被告人の過失行為の危険が被害者の死亡へと現実化したとはいえず、因果関係が否定される。

2. トランク監禁致死事件

被告人が被害者を自動車後部のトランクに監禁したまま路上で停車させていたところ、後方から自動車が追突してトランク内の被害者が死亡した事案について、最決平成18・3・27刑集60巻3号382頁（百選Ⅰ-11）は、被害者の死亡原因が直接的には追突事故を起こした第三者の甚だしい過失行為にあるとしても、被告人の監禁行為と被害者の死亡との間には因果関係があるとして、監禁致死罪（221条）の成立を認めた。

第三者の過失行為の寄与度は大きいが、追突事故は異常なことではないから、被害者を自動車後部のトランクに監禁するという行為には、第三者による追突行為を経由して被害者を死亡させる危険があり、この危険が死亡へと現実化したといえるので、因果関係が肯定される。

3. 夜間潜水事件

潜水指導者である被告人が、夜間潜水の指導中に不用意に移動して受講生のそばから離れ受講生を見失ったところ、指導補助者と受講生である被害者の不適切な行動が介在して被害者が溺死したという事案について、最決平成4・12・17刑集46巻9号683頁（百選Ⅰ-12）は、被告人の過失行為と被害者の死亡との間の因果関係を肯定し、業務上過失致死罪（211条前段）の成立を認めた。

指導補助者と被害者の不適切な行動という介在事情の寄与度は小さくはないが、この介在事情は被告人が被害者を見失ったという過失行為から誘発されたものであり、被告人の過失行為には指導補助者や被害者の不適切な行動を誘発して被害者を溺死させる危険があったといえる。そして、この危険が被害者の溺死という結果へと現実化したといえるので、因果関係が肯定される。

4. 熊うち事件

被害者を熊と間違えて猟銃を発射し重傷を負わせた被告人が、苦しむ被害者を早く楽にさせた上で逃走しようと考え、被害者を射殺した事案について、最決昭和53・3・22刑集32巻2号381頁（百選Ⅰ-14）は、最初の誤射行為による業務上過失傷害罪（211条前段）と、その後の射殺行為による殺人罪（199条）の成立を認めた。

誤射行為と死亡との間の因果関係に注目すると、射殺行為は介在事情ということになる。まず、誤射行為により死因となる傷害が形成されていたとすると、誤射行為には被害者を死亡させる危険があり、また、介在事情である射殺行為は誤射行為の危険の現実化を妨げる事情にならないので、誤射行為の危険が被害者の死亡へと現実化したことは否定できず、因果関係が肯定されて業務上過失致死罪が成立しそうである（［判例04］参照）。ただ、射殺行為と死亡との間の因果関係も否定できず、殺人罪も成立する。そうすると、業務上過失致死罪と殺人罪とで死亡結果を二重評価することになるが、それでよいか。本決定は、この問題を避けるために誤射行為を業務上過失傷害罪にとどめたものと理解できる。次に、射殺行為により死因となる傷害が形成されていたとすると、介在事情の寄与度は大きいので、その異常性が問題となる。誤射行為の後に射殺行為に出るのは異常なことだと評価すれば、誤射行為には射殺行為を経由して被害者を死亡させる危険があったとはいえず、因果関係は否定され、業務上過失傷害罪が成立するにとどまることになる。

Chapter III

違法性

本章で学ぶこと

1. 実質的違法性
2. 正当防衛
3. 緊急避難

刑法には，殺人罪（199条），傷害罪（204条），窃盗罪（235条）をはじめとして，さまざまな犯罪についての規定が存在する。これらのうち，どの犯罪にあたる行為か，ひとまず特定するのが，構成要件該当性の判断である（→Chapter II）。

本章で扱う違法性の段階では，構成要件に該当する行為が本当に違法なものか，つまり「やってはならない」という否定的な評価が下されるべき内容を備えているかを，慎重に見極める作業を行う。

たとえば，襲いかかってきた者に正当防衛をして，けがをさせた場合を考えてみよう。たしかに，傷害罪の構成要件には該当する。だが，正当防衛という「やってよい」行為であるため，違法性がなく，傷害罪は成立しないのである。このように，構成要件に該当する行為の違法性を失わせる特別の理由のことを違法性阻却事由という。

違法性阻却事由には，条文の定めがあるものとないものとがある。刑法に規定があるものとして，正当行為（35条），正当防衛（36条），緊急避難（37条）が挙げられる。条文の定めがない超法規的違法性阻却事由として，被害者の同意などが存在する。本章では，1. 実質的違法性 のところで，正当行為，超法規的違法性阻却事由の判例を扱い，さらに 2. 正当防衛，3. 緊急避難 の判例をみていくことにする。

Contents

- I 罪刑法定主義
- II 構成要件該当性
- **ココ！** III 違法性
- IV 責任
- V 未遂犯
- VI 共犯

Chapter III 違法性

1

Introduction

Contents
ココ! III-1 実質的違法性
III-2 正当防衛
III-3 緊急避難

実質的違法性

テレビで，ボクシングの試合をみているうちに，ひょっとすると，刑法を学んでいるあなたは，「ボクシングは，他人に暴行を加えたり，けがをさせたりする行為なのに，なぜ処罰されないのだろう？」と不思議に思うかもしれない。実は，ボクシングは暴行罪（208条）や傷害罪（204条）の構成要件に該当する行為だが，「正当業務行為」（35条）であることを理由に，違法性が否定されると一般的に考えられているのである。

あるいは，友人から壊すことを頼まれて，あなたが，その友人の花びんをたたき割ったとしよう。この場合，あなたの行為は，器物損壊罪（261条）の構成要件に該当する。しかし，「被害者の同意」があることを理由に，違法性が否定される。

このように違法性を失わせる特別の理由，つまり，違法性阻却事由が，どのような場合に問題となるか，以下でみていくことにしよう。

（正当行為）
35条　法令又は正当な業務による行為は，罰しない。

1. 実質的違法性

ここでは，まず，35条の正当業務行為（2参照）に関する判例，そして，被害者の同意（3参照），治療行為の中止（4参照）といった，明確に規定する条文が存在しない違法性阻却事由（超法規的違法性阻却事由）に関する判例を扱う。

これらをまとめて扱う理由として，いずれも成立要件がはっきりしないことが挙げられる。35条の「正当な業務」とは，どのような場合をいうのか，あまりに大ざっぱで，よくわからない。また被害者の同意や治療行為の中止は，そもそも条文が存在しない。そのため，個別の成立要件を，一から考える必要すらある。

こうした作業を行うにあたっては，違法性とは何かを明確にすることで，手がかりや方向性を得るのが一般的なやり方である。とはいえ，違法性とは，文字どおりに理解すれば，法に違反することであるが，このようにいうだけでは，違法性の中身は理解できない。そこで，法に違反するとは，はたして何を意味するのか，実質的に，つまり，その本質や根拠に遡って説明される必要がある。このようなやり方で把握された違法性のことを実質的違法性という。

実質的違法性をめぐる判例の立場を大まかに述べると，行為に対する社会的な非難

を，違法性の本質の重要部分であると理解する傾向にあるといえる。こうした非難をなしうるかの判断にあたっては，被告人が行為に出た動機・目的，手段・方法などを考慮する。しかし，社会的な非難を重視する考え方は，法とは直接的に関係のない，モラル違反を処罰することにつながりかねないと批判されてもいる［→判例10，判例11］。

2．正当業務行為

正当業務行為の例としてよく挙げられるのが，エンピツくんが挙げている，ボクシングや相撲などの格闘技である。この場合，暴行罪や傷害罪の構成要件に該当するが，35条により違法性が否定されると説明されている。判例で実際に問題となったものとして，弁護活動，取材活動，労務争議行為などがある。これらのうち，外務省の秘密文書をめぐる取材活動が正当業務行為にあたるかが問題となったケースを扱う［→判例10］。

3．被害者の同意

エンピツくんが説明するように，花びんを壊すことについて，持ち主が同意した場合，これを壊しても，器物損壊罪は成立しない。器物損壊罪の構成要件に該当する行為だが，花びんをどのように扱うかは所有者個人の自由である。被害者である花びんの所有者が同意していることを理由に，違法性が否定されるのである。[*1]

もっとも，個人の自由にも一定の制限がある。被害者が殺害されることに同意している場合，殺害者に殺人罪（199条）は成立しないが，同意殺人罪（202条）は成立する。生命が特に重要な利益であることを理由に，違法性はゼロにはならないと考えられているのである。

それでは，傷害罪について，被害者が同意していれば，常に違法性が否定され，犯罪は成立しないと考えてよいだろうか。生命ほどではないが，身体も，重要な利益であることに変わりはないことから，問題となる［→判例11］。

被害者の同意は真意からなされたものでなければならない。したがって，脅迫や錯誤（勘違い）などによる場合，同意は無効であり，違法性は否定されない。ただ，問題は，どのような脅迫や錯誤があった場合に，同意が無効となるかである［→判例12］。

4．治療行為の中止

死期が迫った，回復の見込みのない患者に対する「治療行為の中止」は，患者の生命を絶つという意味で，殺人罪とされる可能性もある。こうした行為は許されるであろうか。許されるとしても，どのような条件の下で許されるべきであろうか。いかなる場合でも生命は尊重されるべきことが大原則だが，延々と治療を続けることは，家族の負担を増大させるし，患者本人にとってよいことなのか，医師ですら判断に迷う場合もあるほど，難しい問題である［→判例13］。

---

*1 被害者の同意があると，構成要件該当性自体が否定される場合もある。たとえば，同意を得て友人の部屋に入る行為は，もはや「侵入」したとはいえないので，住居侵入罪（130条）の構成要件に該当しない。同様の例として，窃盗罪（235条），強制わいせつ罪（176条），強姦罪（177条）などが挙げられる。

10 違法性の実質

外務省秘密漏えい事件

最高裁昭和53年5月31日決定（刑集32巻3号457頁） ▶百選Ⅰ-18

📖 事案をみてみよう

被告人XはM新聞社の外務省担当記者であるが、アメリカとの沖縄返還交渉が行われていた昭和46年5月、外務事務官A女に近づきホテルで肉体関係を持った。そして沖縄関係の秘密文書を見せるよう頼み込み、コピーを受け取るなどしていた。その中には、公式にはアメリカが負担するとされていた多額の費用を、日本が肩代わりするという密約が含まれていた[*1]。しかし、同年6月に沖縄返還協定が締結されると、8月にはAのことを気にかけなくなり、関係を立ち消えにさせた[*2]。Xは、国家公務員法111条の秘密漏示そそのかし罪で起訴された。

[*1] 軍用地としてアメリカが接収している沖縄の土地について、その使用が解除された際には、土地の所有者らに対する補償をアメリカが行うと公式発表されていたが、実際には日本が負担するという密約が書かれていた。

[*2] Xが日本社会党の議員にコピーを提供し、議員がこれをネタに佐藤内閣を国会で追及したため、国民の注目を浴びることとなった。

✓ 読み解きポイント

Xの取材行為は秘密漏示そそのかし罪の構成要件に該当するが、35条の「正当な業務」として違法性が阻却されるか。最高裁は「正当な業務」にあたらないとしたが、その際、一般論として、どのような判断の枠組みを示したか。そして本件の具体的事実のうち、どのような事情に照らして違法だと判断したかを読み解こう。

📖 決定文を読んでみよう

「報道機関が公務員に対し根気強く執拗に説得ないし要請を続けることは、それが真に報道の目的からでたものであり、その手段・方法が法秩序全体の精神に照らし相当なものとして社会観念上是認されるものである限りは、実質的に違法性を欠き正当な業務行為というべきである。しかしながら、……取材の手段・方法が贈賄、脅迫、強要等の一般の刑罰法令に触れる行為を伴う場合は勿論、その手段・方法が一般の刑罰法令に触れないものであっても、取材対象者の個人としての人格の尊厳を著しく蹂躙する等法秩序全体の精神に照らし社会観念上是認することのできない態様のものである場合にも、正当な取材活動の範囲を逸脱し違法性を帯びるものといわなければならない。これを本件についてみると……被告人は、当初から秘密文書を入手するための手段として利用する意図で右Aと肉体関係を持ち、同女が右関係のため被告人の依頼を拒み難い心理状態に陥ったことに乗じて秘密文書を持ち出させたが、同女を利用する必要がなくなるや、同女との右関係を消滅させてその後は同女を顧みなくなったものであって、取材対象者であるAの個人としての人格の尊厳を著しく蹂躙したものといわざるをえず、このような被告人の取材行為は、その手段・方法におい

て法秩序全体の精神に照らし社会観念上，到底是認することのできない不相当なものであるから，正当な取材活動の範囲を逸脱しているものというべきである。」

> **↓ この決定が示したこと ↓**
>
> 取材の自由は憲法上尊重に値するものであり，公務員に秘密をもらすようそそのかしたとしても，真に報道目的によるもので，取材の手段・方法が相当なものである場合には，正当業務行為（35条）として違法性が阻却される。しかし，取材対象者の個人としての人格の尊厳を著しく蹂躙する取材行為は，その手段・方法において不相当なものだから，正当な取材活動とはいえないことを示した。

解説

Ⅰ．正当業務行為の成立要件

35条は，法令行為と並んで，正当業務行為を違法性阻却事由として規定している。しかし成立要件が明確に定められておらず，何が「正当な業務」なのかはっきりしない。このように要件が条文ではっきり書かれていない場合，違法性阻却の一般原理に遡って，その成立要件を導き出すのが一般的である。

本決定では，①正当な目的のために，②相当な手段・方法が用いられた場合に正当業務行為として違法性が阻却されるという枠組みが示され，②の相当性は「法秩序全体の精神に照らし……社会観念上是認」できる場合に肯定できるとされた。

Ⅱ．本決定の具体的判断

本決定の特徴は，①目的の正当性と②手段・方法の相当性という要件を，切り離して個別に判断した点にある。第１審では，本決定と同様の枠組みを用いながらも，目的と手段・方法を一体的に考慮し，さらに取材行為によって得られる利益と失われる外交上の利益とを対比した上で総合的に判断して無罪が言い渡された。これに対して本決定では，目的の正当性はともかく，すでに手段・方法として不相当だから，正当業務行為ではないとしているのである。

さらに，本決定が挙げる「法秩序全体の精神」，「社会観念」は，その内容が手に取るようにわかる言葉ではないが，いずれにせよ刑法以外の法律，さらには社会常識のようなものも取り込みうる，柔軟な基準ともいえる。本件で，Ａの人格の尊厳を踏みにじったことが取材行為の正当性を否定する最終的な理由とされたことは，そのあらわれであるといえよう。

しかし，これに対しては，いわば「女性の心と体をもてあそんで利用した」という法の枠外に置くべきモラルの問題が適法・違法の判断に入り込んでいるのではないかという疑問も投げかけられている。外交問題のからんだ司法判断の難しさも含めて，いろいろと考えさせられる事案である。

---

*3│本決定では，報道機関の国政に関する報道は，民主主義社会において，国民が政治的な判断をするための重要な資料を提供するものだから，報道の自由は，憲法21条が保障する表現の自由のうちでも特に重要なものであり，このような報道が正しい内容を持つためには，報道のための取材の自由もまた，憲法21条の精神に照らし，「十分尊重に値する」と述べられている。

*4│適用範囲が定かでないことの背景には，立法例としてめずらしく，立法の経緯もはっきりしないという事情もある。

*5│「手段方法の相当性には欠ける点があるけれどもこれと目的の正当性の程度及び利益の比較衡量の点とを総合判断してみると……正当行為性を具備している」とされた。

*6│本件は，外交，司法もからむ形で，日本のジャーナリズムのあり方が問われる事件であったといえる。興味のある人は，山崎豊子『運命の人１巻〜４巻』（文藝春秋）を読んでみよう。

11 被害者の同意（1）　保険金詐欺目的での傷害の同意

最高裁昭和55年11月13日決定（刑集34巻6号396頁）　　▶百選Ⅰ-22

🔭 事案をみてみよう

　被告人Xは，Yほか2名（PおよびQ）と共謀の上，（できれば本物の事故に見せかけるため，無関係の者の車をはさんだ玉突き事故にして）自動車事故を生じさせて保険金をだまし取ることを計画した。犯行当日Xが軽自動車，YがPとQを乗せて普通貨物自動車（ライトバン）で出発した。やがて赤信号により交差点で停車した際，Xは絶好の機会であると考え，自車を発進させて前方に停車中の軽自動車（無関係の第三者A運転）に追突させ，その前に停車中のY車に玉突き的に追突させた。Aは頸椎ねんざにより，事故の約1週間後から，2か月あまり入院加療を要する傷害を負った。一方Y，PおよびQは軽傷を負うにとどまった。

✓ 読み解きポイント

　本件では，共謀者Yらに対する傷害罪（204条）が，Xに成立するかが問題となった。Yらは軽傷を負うことについて同意（承諾）しているのだから，Xには傷害罪は成立しないとも考えられる。しかし，保険金詐欺という違法な目的を達成するためになされた同意であっても，違法性は阻却されるだろうか。傷害に対する同意の違法性阻却をめぐり，どのような要素が判断の材料とされているかを読み解こう。

*1｜「被害者の同意」とも「被害者の承諾」とも呼ばれるが，基本的には同じ意味である。以下では「被害者の同意」と呼ぶことにする。

📖 決定文を読んでみよう*2

　「<u>被害者が身体傷害を承諾したばあいに傷害罪が成立するか否かは，単に承諾が存在するという事実だけでなく，右承諾を得た動機，目的，身体傷害の手段，方法，損傷の部位，程度など諸般の事情を照らし合せて決すべきものである</u>が，本件のように，過失による自動車衝突事故であるかのように装い保険金を騙取する目的をもって，被害者の承諾を得てその者に故意に自己の運転する自動車を衝突させて傷害を負わせたばあいには，<u>右承諾は，保険金を騙取するという違法な目的に利用するために得られた違法なものであって，これによって当該傷害行為の違法性を阻却するものではないと解するのが相当である。</u>」

*2｜本決定は再審請求という特殊な事案であった。詳しくは，百選Ⅰ-22参照。

⇩ この決定が示したこと ⇩

　傷害に対する同意は違法性阻却事由であり，その有効性は，被害者の同意が存在

するだけでなく，それを得た動機・目的，身体傷害の手段・方法，損傷の部位・程度など諸般の事情を総合して判断されることを示した。

 解説

Ⅰ．被害者の同意とその限界

持ち主が同意していれば，他人の時計を持ち去っても窃盗罪（235条）は成立しないし，壊しても器物損壊罪（261条）は成立しない。居住者の同意を得て，その者の住居に立ち入っても住居侵入罪（130条）は成立しない。このように個人的法益については，被害者の同意がある限り，構成要件該当性が否定されるか，違法性が阻却されるため犯罪は成立しない。しかし生命については別であり，同意殺人罪（202条）の規定が存在している。殺人罪と比べて刑は軽いが，生命のような重要な法益については，本人の同意があっても犯罪となる。

問題は，本件のような傷害に対する同意の場合である。同意傷害罪という規定は存在しない。しかし本決定は，傷害に対する同意は無制約なものではなく，それを得た動機・目的など諸般の事情を総合的に判断し，社会的に是認される行為に限って，違法性が阻却されるという一般論を打ち立てている。こうした一般論は，確立した判例であるといってよい。

Ⅱ．本決定の具体的判断

もっとも本決定の具体的なあてはめは，ほかの類似の事案に関する裁判例と比べ，やや特異ではある。最高裁は「損傷の部位，程度」が軽傷であった点には触れず，あくまでも「動機，目的」のみをピックアップし，保険金詐欺という違法な目的を有していたことを決定的な要素とみて，違法性は阻却されないと結論づけている。

これに対し，そのほかの（下級審）裁判例を見渡す限り，同意傷害を違法と判断した事案の多くは，たとえば性交の際の首絞めのように，被害者が生命への危険性を含んだ傷害に同意したところ，結果的に死なせてしまったという傷害致死のケースである。ヤクザの指つめを違法と判断した裁判例もあるが，これも軽傷とはいえない。

それでも本決定が諸般の事情の総合判断の結果として違法性阻却を否定したのは，保険金詐欺という目的には，傷害が軽微であるという事情によっても打ち消せないほどの強い違法性があるとみたからであろう。そもそも詐欺罪（246条）自体が犯罪であるし，特に保険金詐欺は，判例実務で，きわめて悪質なものとみなされている。

もっとも本決定は，総合判断という枠組み自体，何がどのように考慮されるのかわからない，不明確な判断方法であると問題視されてもいる。あるいは，詐欺目的を理由に傷害罪の成立を肯定するのは，規定が存在しない詐欺の予備罪を勝手に作り出すことにほかならないのではないかという疑問も提起されている。さらに，自由を尊重する現代社会において，ある程度の傷害までは個人が自由に同意可能な事柄であり，刑罰をもって国家が制約を加えるべきことではないとも指摘されている。

*3｜
被害者の同意があることによって，そもそも構成要件該当性が否定される場合と，構成要件該当性はあるが違法性が阻却される場合の2パターンがある。これについては，Introduction＊1（p.31）参照。

*4｜
総合判断説とも呼ばれる。なお本決定では，「社会通念」，「社会的相当性」といった言い回しは使われていないが，ほかの多くの裁判例では用いられている。本決定もこうした価値判断を行っているとみてよい。

12 被害者の同意（2）

偽装心中

最高裁昭和33年11月21日判決（刑集12巻15号3519頁）　　▶百選Ⅱ-1

事案をみてみよう

　被告人Xは，花街にある料理屋Wの接客婦Aの常連客となり，やがて結婚を約束する仲になった。しかしWなどに多額の借金をするに至り，両親からAとの交際をやめるよう迫られ，Aを重荷に感じ始めるようになった。そこで交際をやめて，勝手気ままな生活を清算しようと考え，Aに別れ話を切り出したところ，「別れるぐらいなら，一緒に死んでほしい」などといわれ，心中を持ちかけられたので，困り果てて，しぶしぶAの相談に乗った。しかし，その3日後には，Xは気が変わり，もはや心中する気持ちはなくなっていたにもかかわらず，Aをともなって山中に赴くと，Aが自分を追ってXも自殺してくれると信じているのを利用し，Aのみを毒殺しようと考えて，あらかじめ購入していた青化ソーダ致死量を与えた。Aはこれを飲み死亡した。

✓ 読み解きポイント

　自殺は犯罪ではないが，自殺をするようそそのかしたり，手助けしたりする行為は自殺教唆罪，自殺幇助罪として処罰される（202条）。これらをあわせて自殺関与罪という。本件では，Aは死ぬこと自体については同意しているのだから，Xには自殺関与罪が成立するとも考えられる。しかし，AはXにだまされており，その自殺意思は真意によらない無効なものだとして，Xには殺人罪（199条）が成立するという結論もありうるだろう。自殺意思の有効性がどのような基準により判断されるかを読み解こう。

判決文を読んでみよう

　「〔上告趣意の所論は〕本件被害者は自己の死そのものにつき誤認はなく，それを認識承諾していたものであるが故に刑法上有効な承諾あるものというべく，本件被告人の所為を殺人罪に問擬した原判決は法律の解釈を誤った違法があると主張するのであるが，本件被害者は被告人の欺罔の結果被告人の追死を予期して死を決意したものであり，その決意は真意に添わない重大な瑕疵ある意思であることが明らかである。そしてこのように被告人に追死の意思がないに拘らず被害者を欺罔し被告人の追死を誤信させて自殺させた被告人の所為は通常の殺人罪に該当するものというべく，原判示は正当であって所論は理由がない。」

> ↓ **この判決が示したこと** ↓
>
> 欺くことによって生じた，真意にそわない，重大な瑕疵のある意思に基づく自殺意思は無効であり，自殺関与罪ではなく殺人罪が成立することを示した。[*1]

解説

I. 自殺関与罪と殺人罪の限界

自らの手で自分の身体を傷つけたり，自分の物を壊したりしても犯罪ではない。また，こうした自傷・自損行為に出るようそそのかしたり，手助けしたりする行為も犯罪ではない。しかし生命の場合は別である。自殺をそそのかしたり，手助けしたりする行為は，自殺関与罪として処罰される。

この条文の意味における「自殺」といえるためには，被害者の自殺意思が真意によるものでなければならない。したがって，脅迫，欺く行為・錯誤によって生じた自殺意思は無効である。たとえば，毒入りであることを告げずにジュースを飲ませて被害者を死亡させた場合，自殺意思は無効であるため（そもそも自殺意思そのものが存在しないともいえる），自殺関与罪ではなく，殺人罪の間接正犯となる。[*2]

本判決は，結論のみを示すような形で書かれてはいる。しかし最高裁は，欺く行為によって生じた真意にそわない重大な瑕疵のある意思に基づく自殺意思は無効であり，殺人罪の間接正犯が成立するという一般論を前提としていると読み取ることができる。

II. 本判決の具体的判断

問題となるのは，「重大な瑕疵ある意思」の中身である。瑕疵は重大なものでなければ自殺意思は無効とはならないとされているが，この重大性は何を基準に定まるのであろうか。本判決では，Xが自分も追って自殺するとだましたことが，重大性のよりどころとされている。しかし先に挙げた毒入りジュースの事例とは違い，Aは「死ぬこと」自体は十分認識していたことから，欺く行為・錯誤は動機に関するものである。しかも，別れ話がこじれた上での心中というのはかなり特殊な動機であり，普通の人に自殺を決意させるような性質のものでもない。こうしてみると，最高裁は，被害者の動機を広く考慮する立場から，あくまでも被害者本人が何を大事だと考えていたのかを基準に，瑕疵の重大性を認定して，殺人罪という結論を導き出したといえる。

もっとも，この判例はさまざまな形で批判されてもいる。まず，Aは，動機に錯誤はあるけれども，「死ぬこと」はわかっており，生命という法益の処分には錯誤がないから，自殺意思は有効であるという批判がある（法益関係的錯誤説）。[*3]あるいは，本件ではAが心中を持ちかけており，Xが道具のように一方的に利用・支配したとまではいえない以上，殺人罪の間接正犯は成立せず，自殺関与罪にとどまるのではないかという意見もある。

[*1] 「瑕疵」とはキズ，欠陥といった意味であり，法律上何らかのキズ，欠陥のある意思のことを，本判決も用いているように，「瑕疵ある意思」と表現する。

[*2] | 間接正犯

他人を道具のように一方的に利用・支配して犯罪を実現する場合を間接正犯という。被害者を脅迫したり，だましたりするなどして自傷・自損行為を行わせる場合のように，被害者を利用・支配する場合も間接正犯となりうる。間接正犯について詳しくは，[判例42]参照。

[*3] | 法益関係的錯誤説

被害者が何を処分しているかわかっている限り，法益処分は有効であるとする見解を法益関係的錯誤説という。この説によれば，法益処分の動機は基本的に考慮されないため，本件では，自殺関与罪が成立する。

13 治療行為の中止

川崎協同病院事件

最高裁平成21年12月7日決定（刑集63巻11号1899頁） ▶百選Ⅰ-21

🔍 事案をみてみよう

Aは気管支ぜん息の重積発作[*1]を起こし，心肺停止状態で病院に運び込まれた。救命措置により心肺は蘇生したが，脳に重い後遺症が残り，意識は戻らず，人工呼吸器が装着されたまま，集中治療室（ICU）で治療を受けることとなった[*2]。4日後には，人工呼吸器が取り外されたが，舌根沈下[*3]を防止し，痰を吸引するために，気管内チューブは残された。さらにその2日後，主治医Xは，Aの症状から脳の回復は期待できないと判断し，病状を家族に説明した（昏睡状態は死亡の日まで続いた）。

入院から2週間後，回復をあきらめた家族からの要請に基づき，Xは，Aを穏やかに死亡させる意図で，気管内チューブを抜き取った。ところが予想に反して，Aが身体をのけぞらせるなどして苦もん様呼吸を始めたため，鎮静剤を注射するなどしたが，しずめることができなかった。そこで准看護師に指示し，筋し緩剤[*4]であるミオブロック3アンプルを静脈注射の方法により投与して，Aを死亡させた。

なおXは，余命等を判断するために必要とされる検査は実施していなかった。また，終末期[*5]における治療の受け方に関するAの考えは明らかでなかった。

[*1] 重積発作
呼吸困難となる重い発作であり，適切な治療が行われないと死に至る。

[*2]
Aは以前に，この病院で気管支ぜん息と診断されて川崎公害病患者に認定された。それ以降この病院に通院し，昭和60年頃からXが主治医となっていた。

[*3] 舌根沈下
舌の根元が喉の奥に落ちて気道をふさいでしまうこと。窒息死の危険がある。

[*4] 筋し緩剤
筋肉の働きを弱める薬のこと。

[*5] 終末期
適切な治療を尽くしても救命の見込みがないと判断される時期。

✅ 読み解きポイント

Xの殺人行為は，気管内チューブの抜管，筋し緩剤の投与の2つで構成されるが，本件では，前者の抜管行為の適法性が争点となった[*6]。治療行為の中止が適法となるためには，いかなる事情がなければならないか。この点に注意して読み解こう。

📖 決定文を読んでみよう

「被害者が気管支ぜん息の重積発作を起こして入院した後，本件抜管時までに，同人の<u>(1)余命等を判断するために必要とされる脳波等の検査は実施されておらず，発症からいまだ2週間の時点でもあり，その回復可能性や余命について的確な判断を下せる状況にはなかった</u>ものと認められる。そして，被害者は，本件時，こん睡状態にあったものであるところ，本件気管内チューブの抜管は，被害者の回復をあきらめた家族からの要請に基づき行われたものであるが，その<u>(2)要請は上記の状況から認められるとおり被害者の病状等について適切な情報が伝えられた上でされたものではなく，上記抜管行為が被害者の推定的意思に基づくということもできない</u>。以上によれば，上記抜管行為は，法律上許容される治療中止には当たらないというべきである。

そうすると，本件における気管内チューブの抜管行為をミオブロックの投与行為と併せ殺人行為を構成するとした原判断は，正当である。」

> **↓ この決定が示したこと ↓**
>
> ①治療中止が患者の意思に基づいておらず（Point-2），②医師の治療が限界に達していない（Point-1）場合には，適法な治療行為の中止にあたらないことを示した。

解説

I．はじめに

死期が迫った患者の生命を絶つことが許されるかという問題をめぐっては，従来，末期患者を肉体的苦痛から解放するために薬物などの投与によって直接的に殺害すること（積極的安楽死）の許容性が主な争点であった。しかし，その後，積極的安楽死は許されないという認識が医療界で共有されるようになり，また緩和ケアの発達によって，肉体的苦痛から解放されるためには死を選ぶほかないという状況が生じにくくなった。こうしたことから，今日では，回復の見込みのない患者に対する治療行為の中止が，いかなる場合に許されるかという論点に，問題の中心が移ったのである。本件は，治療行為の中止が直接的に取り扱われた最初のケースである。

II．本決定の枠組み

本決定は，治療行為の中止が適法となるための要件を明確に挙げていないが，2つの観点を判断の枠組みとしていることを読み取ることはできる。

まず，①治療中止が患者の意思に基づくことを要求している。終末期患者に多くみられるように，意思表明できない者については，推定的意思に基づく余地も否定していない。患者が事前に書面で意思を明らかにしていた場合，この書面は推定的意思を裏づける有力な証拠となろう。家族の意思は患者の意思を代弁するものではなく，患者の推定的意思を探るひとつの手がかりにすぎない。

もっとも，治療行為の中止が患者の意思に基づくものだとしても，それだけでは適法行為とはならない。なぜなら，嘱託殺人罪や同意殺人罪（202条）は成立しうるからである。こうしたことから，②医師の治療が限界に達していることも要求されているのである。しかしながら，いかなる場合に限界に達したといえるのか，本決定では明らかにされていない。

III．本決定の具体的判断

本件において，Aは意思を表明できる状態になく，また事前に意思を明確にしていたわけでもない。医師から適切な説明を受けていない家族の要請も，Aの推定的意思を探る手がかりにならない。そしてXは必要な検査も行わないまま，早まった判断を行ったにすぎず，治療の限界に達してもいないと判断されたのである。

---

*6｜筋し緩剤の投与については，家族の同意すらなかったのであるから，この行為だけを評価すれば，適法でないことは明らかである。もっとも，もし抜管行為が適法だとなれば，投与行為もそれと一体化した適法行為とみる余地も出てくる。

*7｜名古屋高判昭和37・12・22高刑集15巻9号674頁は，安楽死が許容されるための6つの要件を挙げた重要裁判例である。もう一歩先へ（p.60）参照。

*8｜横浜地判平成7・3・28判タ877号148頁（百選I-20，東海大学安楽死事件）は，前掲名古屋高判昭37・12・22の6要件をふまえつつも，これを修正した4要件を示し，そのうちのひとつとして，「患者の肉体的苦痛を除去・緩和するために方法を尽くし他に代替手段がないこと」という要件を挙げていた。もう一歩先へ（p.60）参照。

*9｜家族の中には，看病の負担から解放されたいという思いを抱く者もいる。家族と患者の利害が常に一致するわけではない。

*10｜この事件をモチーフとした小説（朔立木『命の終わりを決めるとき』〔光文社〕，同『終の信託』〔光文社〕）があり，映画化もされた（周防正行監督『終の信託』〔東宝〕）。さらに，X自身が執筆した書籍もある（須田セツ子『私がしたことは殺人ですか？』〔青志社〕）。

Chapter III 違法性

2

Introduction

Contents
III-1 実質的違法性
ココ！ III-2 正当防衛
III-3 緊急避難

正当防衛

あなたが夜道を1人で歩いていたら，見知らぬ男性が，殴りかかってきた。そこで，あなたは，自分の身を守ろうと考えて，男性の顔面を殴ってけがをさせた。このように，突然の攻撃から自分の身を守るために，攻撃者に反撃することを正当防衛という。正当防衛は，やってよい行為だから犯罪ではない。裁判では無罪判決が下される。

殴りかかってきた男性は，自分が悪いのだから，あなたに殴られても仕方がないともいえる。しかしながら，あなたは何をやっても許されるわけではなく，正当防衛にも限度がある。それでは，どのような場合に，正当防衛は認められるのだろうか。以下でみていくことにしよう。

（正当防衛）
36条　① 急迫不正の侵害に対して，自己又は他人の権利を防衛するため，やむを得ずにした行為は，罰しない。
　　　② 防衛の程度を超えた行為は，情状により，その刑を減軽し，又は免除することができる。

1．正当防衛とは

他人に暴行を加えてけがをさせたり，死なせたりすることは，通常ならば行ってはならないことである。しかし，突然襲いかかられ，警察の保護が間に合わない場合にまで，手を出してはならないとすれば，かえって，わたしたちの安全で平和な生活がおびやかされることになってしまう。こうしたことから，36条1項で，正当防衛が定められているのである。

2．急迫性

36条1項によれば，不正な侵害は「急迫」したものでなければならない（この要件を「急迫性」という）。急迫性は，不正の侵害がすでに開始されている場合，さらに，まさに開始されようとしている場合に認められる。エンピツくんが挙げている事例にあてはめると，そもそも，見知らぬ男性があなたに殴りかかるのは「不正な侵害」にほかならない。しかも，すでに攻撃が始まっているので，急迫性も認められる。

問題となるのは，不正な侵害を予想していた場合にも，急迫性が認められるかという点である。たとえば，以前からトラブルを抱えていたため，相手の攻撃が想定の範

囲内であったという場合，急迫性はなくなるだろうか。さらに，予想していたにとどまらず，凶器を準備して，積極的に攻撃を加える意思を持って待ちかまえていたり，相手のいる場所に訪れたような場合，急迫性を認めてよいかが問題となる［→判例14］。

3．防衛の意思

判例によれば，反撃行為は，防衛の意思を持って行われる必要がある。36条1項の「防衛するため」とは，反撃を行う者の心理面をも言い表したものと解釈するのである。エンピツくんの事例では，あなたは自分の身を守ろうと考えて反撃しているのだから，防衛の意思を有していたといえる。

ただ，正当防衛を行う場面をリアルにイメージすればわかるように，現実に反撃行為を行う者の心理状態は複雑である。自分の身を守るという意思を抱きつつも，同時に，怒りや興奮をおぼえたり，「やり返してやる」とか「やっつけてやる」といった意思を持っている場合も少なくない。そこで，そもそも防衛の意思とは，どのような内容のものなのかが問題となる［→判例15］。

4．やむを得ずにした行為

不正な侵害者に対する反撃であっても，行きすぎた行為は許されない。エンピツくんの事例のように，あなたが，殴りかかってきた男性を素手で殴るのは，行きすぎた反撃ではないので，「やむを得ずにした行為」であり，正当防衛は成立する。しかし，あなたが，男性の頭部を金属バットで力いっぱい殴って大けがをさせれば，これは，やりすぎであり，「やむを得ずにした行為」とはいえないとされることもある。こうした場合，正当防衛は成立しないことになるが，そもそも，ここにいう「やむを得ず」とは，いかなる意味であろうか［→判例16］。

あなたが金属バットで殴るケースのように，行きすぎた反撃を行うことを過剰防衛という。この場合，正当防衛は成立しないため，たしかに犯罪は成立する。しかし36条2項により，刑の減軽や免除をすることはできるとされている。というのも，防衛者が恐怖や興奮から，反撃をやりすぎてしまうことについて，強くは責められないからである。とはいえ，過剰防衛の成立範囲にも一定の限界がある。とんでもない行きすぎた反撃の場合には，過剰防衛すら成立しないこともある。問題は，こうした限界をどのように設定するかである［→判例18］。

5．さらなる発展的問題

以上に挙げた判例のほか，自招侵害に関する判例［→判例17］，誤想過剰防衛に関する判例［→判例19］についてみていくことにする。

14 積極的加害意思と急迫性

最高裁昭和52年7月21日決定（刑集31巻4号747頁） ▶百選Ⅰ-23

🔍 事案をみてみよう *¹

中核派に所属する被告人Ｘらは、Ａ会館でほかの学生らと政治集会を開催することにした。その際、対立する革マル派の学生の攻撃が予想されたことから、共同して彼らの生命・身体に害を加える目的で、鉄パイプや木刀などの凶器を準備した。その後、予想どおり革マル派の学生10数名がやってきて攻撃をしてきたので、上記の凶器を用いて反撃し、ひとまず撃退した。しかし2度目の攻撃が予想されたことから、会館の入口に机やイスを運んで積み重ねてバリケードを築いていたところ、革マル派の学生が再度やってきて、バリケード越しに鉄パイプを投げ込むなどしてきたので、Ｘらは鉄パイプで突くなどして応戦したところ、警察官に逮捕された。

> ### ✅ 読み解きポイント
>
> 本件では、2度目の攻撃に対する反撃行為に、暴行罪（208条）の特別規定である共同暴行罪（暴1条）*² が成立するかが問題となった。Ｘ側は正当防衛を主張したが、はじめから攻撃を予想して、相手に害を加える目的で周到な用意をして待ちかまえていた者に正当防衛の成立を認めてもよいか。正当防衛の成立要件のうち、いずれの要件が問題となっているかに注意して読み解こう。

📖 決定文を読んでみよう

「刑法36条が正当防衛について侵害の急迫性を要件としているのは、予期された侵害を避けるべき義務を課する趣旨ではないから、<u>当然又はほとんど確実に侵害が予期されたとしても、そのことからただちに侵害の急迫性が失われるわけではない</u>と解するのが相当であり、これと異なる原判断は、その限度において違法というほかはない。しかし、同条が侵害の急迫性を要件としている趣旨から考えて、<u>単に予期された侵害を避けなかったというにとどまらず、その機会を利用し積極的に相手に対して加害行為をする意思で侵害に臨んだときは、もはや侵害の急迫性の要件を充たさない</u>ものと解するのが相当である。そうして、原判決によると、<u>被告人Ｘは、相手の攻撃を当然に予想しながら、単なる防衛の意図ではなく、積極的攻撃、闘争、加害の意図をもって臨んだというのであるから、これを前提とする限り、侵害の急迫性の要件を充たさない</u>ものというべきであって、その旨の原判断は、結論において正当である。」

---

*¹ 中核派と革マル派とは新左翼という政治勢力の二大党派のことであり、特に1960年代から1980年代にかけて深刻な党派闘争を繰り広げた歴史がある。

*² 暴力行為等処罰ニ関スル法律1条
「団体若ハ多衆ノ威力ヲ示シ、団体若ハ多衆ヲ仮装シテ威力ヲ示シ又ハ兇器ヲ示シ若ハ数人共同シテ刑法（明治40年法律第45号）第208条、第222条又ハ第261条ノ罪ヲ犯シタル者ハ3年以下ノ懲役又ハ30万円以下ノ罰金ニ処ス」。このように数人で共同して暴行罪（208条）を犯したときには、より重い法定刑が規定された本条が適用される。

> **↓ この決定が示したこと ↓**
>
> 当然またはほとんど確実に侵害が予期されたとしても、侵害の急迫性が失われるわけではない。しかし、予期された侵害を避けなかっただけでなく、その機会を利用して積極的に相手に対して加害行為をする意思（積極的加害意思）で侵害に臨んだときは、侵害の急迫性は失われることを示した。

解説

Ⅰ．問題の所在

正当防衛状況は、見知らぬ者から突然襲われるという形で突発的に生じる場合もあるが、事前に何らかのトラブルがあって、それがある時点でエスカレートして殴り合いに発展するという形で生じる場合も少なくない（個人間のけんか、政治団体や暴力団同士の抗争などさまざまな形がある）。こうした場合、当事者が事前に侵害を予期していることもあるし、反撃の備えまでしているケースすらみられる。こういった侵害の予期や反撃の準備が正当防衛の成立にどのような影響を及ぼすかについて、判例においては、急迫性の要件にからめて古くから問題とされてきた。*3

Ⅱ．侵害の予期

本決定では、当然またはほとんど確実に侵害が予期されたとしても、侵害の急迫性が失われるわけではないとされた点が重要なポイントである。*4 さもないと、たとえば、暴走族のたまり場になっている夜景スポットに行くことや、暴力的な父親がいる自宅に帰ることなどが禁じられることになりかねない。個人の自由が不当に制限されたり、無法がまかり通ったりすることを認めてはならないという原則が本決定を裏づけているのである。

Ⅲ．積極的加害意思

本決定において最も重要なのは、その機会を利用して積極的に相手に対して加害行為をする意思で侵害に臨んだときは、急迫性が失われるという一般論を述べた上で、本件では、積極的攻撃、闘争、加害の意図をもって臨んだがゆえに、急迫性がないとして正当防衛の成立を否定した点である。闘争や加害、攻撃の目的で、ある場所に行ったり、とどまったりしたという場合、相手が先に手を出してきたことはきっかけにすぎず、全体としてみれば、殺人、傷害、暴行などの単なる加害行為と何ら変わるところはないからである。このような場合に、その場所を離れるなどの回避行動をとることを求めても、個人の自由を不当に制限することにはならないのである。

こうした本決定の判断枠組みは、今日においても判例実務において維持されているが、*5 学説からは、急迫性という客観的な要素が、加害の意図という悪い心情の有無によって左右されるべきではないという批判もなされている。

*3　判例によれば、「刑法36条にいわゆる急迫の侵害における『急迫』とは、法益の侵害が間近に押し迫ったことすなわち法益侵害の危険が緊迫したことを意味する」とされている（最判昭和24・8・18刑集3巻9号1465頁）。本件では、こうした急迫性が、反撃行為を行う者の心理状態に左右されるかが問題となっているのである。

*4　本決定以前に、侵害を予期していたとしても急迫性は失われないと述べた最高裁判決が存在する（最判昭和46・11・16刑集25巻8号996頁）。本決定はこの判決をさらに進めたものと評価できる。

*5　最決平成4・6・5刑集46巻4号245頁（[判例**46**]、百選Ⅰ-88）など参照。

15 防衛の意思と攻撃の意思の併存

最高裁昭和50年11月28日判決（刑集29巻10号983頁） ▶百選Ⅰ-24

事案をみてみよう

被告人XはY友人Aと乗用車で走行中，B，C，Dから因縁をつけられ，酒や料理をおごらされた。その後，乗用車でBらを送ったが，3人は下車するやAに飛びかかって，無抵抗のAに殴る蹴るの暴行をしつこく加えた。XはAの生命があやういと考え，130m離れた自宅に戻ると，散弾銃に散弾4発を装塡して安全装置を外し，これと予備散弾を持って再び現場に戻ったが，AやBらは見当たらなかった。Xは，Aがさらわれたと考え，探していたところ，路上でBの妻Eを見つけたので，Aの居場所を聞き出すためにEの手をひっぱったところ，Eは叫び声をあげた。これを聞いたBが「殺してやる。」などと言って追いかけてきたので，Xは逃げたが，Bに追いつかれそうに感じたため，Bが死亡するかもしれないことを認識しながら，散弾銃を腰付近にかまえて振り向きざまに，約5mに接近したBに発砲して散弾を命中させた。XはBの腹部等に重傷を負わせたが，死亡させるには至らなかった。

*1 | 散弾銃
散弾とは，「発射すると，多数の小さなたまがあられのように飛び散る弾丸」のことをいい，これを発射する銃を散弾銃という（大辞林より）。鳥など動く標的を撃つのに使われることが多い。

*2 | 過剰防衛
過剰防衛とは，防衛の程度を超えた場合をいう。36条2項により，刑の減軽または免除ができるとされている。Introduction（p. 41）参照。

*3
この事案は一見すると，X自身を守るための正当防衛が問題となっているようにも映る。しかし，本判決では，そのようなとらえ方はされていない。むしろAを守るための正当防衛といえるかが問題とされているのである。

*4
本件の控訴審では，過剰防衛の成立が否定されたが，その理由のひとつとして，Xに「対抗的攻撃の意思」があったことが挙げられている（名古屋高判昭和49・10・21刑集29巻10号1000頁）。

✓ 読み解きポイント

Xの行為は殺人未遂罪（203条）の構成要件に該当するが，過剰防衛（36条2項）が成立し，刑の減軽または免除ができるか問題となる。過剰防衛も防衛の意思を持って行われる必要がある。XはAを救い出す目的で一連の行動に出ており，Bへの発砲行為はAの生命を防衛する意思で行われたといえる。しかし，殺傷能力がきわめて高い散弾銃をあえて自宅に取りに帰ったことからは，自ら進んでBらにダメージを与えるという攻撃の意思も読み取ることができる。このように攻撃の意思が同時に存在する場合，防衛の意思は否定されるだろうか。この点に注意して読み解こう。

判決文を読んでみよう

「急迫不正の侵害に対し自己又は他人の権利を防衛するためにした行為と認められる限り，その行為は，同時に侵害者に対する攻撃的な意思に出たものであっても，正当防衛のためにした行為にあたると判断するのが，相当である。すなわち，<u>防衛に名を借りて侵害者に対し積極的に攻撃を加える行為は，防衛の意思を欠く結果，正当防衛のための行為と認めることはできないが，防衛の意思と攻撃の意思とが併存している場合の行為は，防衛の意思を欠くものではないので，これを正当防衛のための行為と評価することができる</u>からである。

044

しかるに，原判決は，他人の生命を救うために被告人が銃を持ち出すなどの行為に出たものと認定しながら，侵害者に対する攻撃の意思があったことを理由として，これを正当防衛のための行為にあたらないと判断し，ひいては被告人の本件行為を正当防衛のためのものにあたらないと評価して，過剰防衛行為にあたるとした第1審判決を破棄したものであって，刑法36条の解釈を誤ったものというべきである。」

> **↓ この判決が示したこと ↓**
>
> 正当防衛を表面上の口実にして積極的に攻撃を加えた場合には，防衛の意思は否定される。しかし防衛の意思と攻撃の意思が併存する場合には，防衛の意思は否定されず，正当防衛と評価できることを示した。

解説

Ⅰ．防衛の意思の必要性

36条1項によれば，正当防衛が成立するためには，反撃行為が「自己又は他人の権利を防衛するため」になされたものでなければならないとされているが，この「防衛するため」という文言が，防衛の意思を要求する趣旨なのか学説上争いがある。多数説は必要説に立っており，判例も，防衛の意思を要求する立場に立っている。

Ⅱ．防衛の意思と，憤激・逆上，攻撃の意思との関係

防衛の意思とは何かについて明確に定義した最高裁判例は存在しないため，判例の立場は必ずしも明らかではない。とはいえ，本件および最高裁昭和46年判決から，判例の枠組みを把握することは可能である。

まず，本判決の前に出された最高裁昭和46年判決では「相手の加害行為に対し憤激または逆上して反撃を加えたからといって，ただちに防衛の意思を欠くものと解すべきではない」ことが示された。いわれなき攻撃を受けた者が，冷静さを失い，怒りや興奮をともなって反撃に出ることはよくあることであり，そのような場合に防衛の意思を否定することは，正当防衛や過剰防衛の成立範囲を不当に制限することになるからである。そして本判決では，さらに一歩進めて，攻撃の意思と併存していてもよいことが示された。正当防衛の場合，受け身な態度をとり続けることは要求されておらず，自ら進んで不正な侵害者にダメージを与えることも一定の範囲で許されるのであり，また，こうした攻撃する意思も抱きつつ反撃に出ることは，普通の人の心情として理解可能だからである。

Ⅲ．もっぱら攻撃を加える意思

本判決では，正当防衛を口実として積極的な攻撃を加えた場合は別であるとも述べられている。その意味するところは，防衛の意思はゼロで，もっぱら攻撃の意思に基づいて反撃を行ったような場合である。具体的には，意図的に行きすぎた対抗行為に出ることなどが挙げられる。

*5｜
最高裁はこのように述べて，控訴審判決（＊4参照）を破棄し，差し戻した。差戻審では，Xが発砲した時点で，すでにAはBらを自力で振りきって隣家に逃げ込んでいたため，そもそも急迫不正の侵害が存在しないことを理由に，過剰防衛の成立が否定された（名古屋高判昭和52・1・25判例集未登載）。

*6｜
最判昭和46・11・16刑集25巻8号996頁。

*7｜
こうした基準を用いた裁判例として，東京高判昭和60・10・15判時1190号138頁，最決平成20・6・25刑集62巻6号1859頁（[判例18]，百選Ⅰ-27）など参照。

16 相当性の判断方法

最高裁昭和44年12月4日判決（刑集23巻12号1573頁）

事案をみてみよう

被告人Xは，貨物自動車の取引をめぐってAと言い争いを続けていたが，突然AがXの左手の中指と薬指をつかんで逆にねじあげた。Xは痛さのあまりこれをふりほどこうとして右手でAの胸のあたりを1回強く突き飛ばした。そうしたところAはあおむけに転倒し，後頭部を付近に駐車していたAの自動車の後部バンパーに打ちつけ，治療45日間を要する頭部打撲症の傷害を負った。

Xは傷害罪（204条）で起訴されたが，正当防衛が成立すると主張して争った。36条1項の「やむを得ずにした行為」にあたるかが問題となったが，第1審は正当防衛行為とは認められず傷害罪が成立するとした。控訴審は「生じた傷害の結果にかんがみ防衛の程度を越〔超〕えたいわゆる過剰防衛と見られる」と判示した。

*1 第1審ではXが投げ飛ばす等の暴行を加えたと認定されたが，控訴審ではそのような事実はなかったとされ，胸のあたりを強く突き飛ばしたにすぎないと認定された。

読み解きポイント

Xは，Aの手をほどくために突き飛ばしたにすぎず，この行為だけをとらえれば，やりすぎとはいえず，正当防衛が成立するとも考えられる。しかし，頭部に重傷を負わせており，結果的にみればやりすぎではないかとも思われる。このようなXの行為は，「やむを得ずにした行為」（36条1項）だとして正当防衛にあたるか。あるいは，やりすぎだとして過剰防衛（36条2項）になるか。そもそも「やむを得ずにした行為」とはどういう意味か。また，その判断にあたり，「突き飛ばす」という防衛の手段と「頭部に重傷を負わせた」という結果のうち，いずれが重視されるかを読み解こう。

判決文を読んでみよう

「刑法36条1項にいう『已むことを得ざるに出でたる行為』とは，急迫不正の侵害に対する反撃行為が，自己または他人の権利を防衛する手段として必要最小限度のものであること，すなわち反撃行為が侵害に対する防衛手段として相当性を有するものであることを意味するのであって，反撃行為が右の限度を超えず，したがって侵害に対する防衛手段として相当性を有する以上，その反撃行為により生じた結果がたまたま侵害されようとした法益より大であっても，その反撃行為が正当防衛行為でなくなるものではないと解すべきである。本件で被告人が右Aの侵害に対し自己の身体を防衛するためとった行動は，痛さのあまりこれをふりほどこうとして，素手でAの胸の辺を1回強く突いただけであり，被告人のこの動作によって，被告人の指を

*2 平成7年改正以前の文言である。

046

つかんでいた手をふりほどかれたAが仰向けに倒れたところに，たまたま運悪く自動車の車体があったため，Aは思いがけぬ判示傷害を蒙ったというのである。してみれば，被告人の右行為が正当防衛行為にあたるか否かは被告人の右行為がAの侵害に対する防衛手段として前示限度を超えたか否かを審究すべきであるのに，たまたま生じた右傷害の結果にとらわれ，たやすく被告人の本件行為をもって，そのよって生じた傷害の結果の大きさにかんがみ防衛の程度を超えたいわゆる過剰防衛であるとした原判決は，法令の解釈適用をあやまった結果，審理不尽の違法があるものというべく，右違法は判決に影響を及ぼすことが明らかであり，かつ，これを破棄しなければ著しく正義に反するものと認める。」

> ↓ **この判決が示したこと** ↓
>
> 36条1項の「やむを得ずにした行為」とは防衛の手段として必要最小限度であること，つまり相当性を有するものであることを意味することを示した。そして，たまたま生じた結果が侵害されようとした法益より大きくても正当防衛は成立することを示した。

解説

I．「やむを得ずにした行為」とは？

本判決は最高裁判例としては初めて，「やむを得ずにした行為」とは「必要最小限度のもの」，「相当性を有するもの」を意味すると明確に述べた。しかも，生じた結果ではなく，防衛手段が必要最小限度といえるか，相当性を有するかをみるべきだという判断枠組みを示した。そして，たまたま生じた結果が侵害されようとした法益より大きくてもよいと述べ，緊急避難のような厳格な害の均衡は不要であることを明確にした。

II．本判決の具体的判断

本判決の事案は，結果の観点からすると，指をねじあげられただけなのに，身体の枢要部である後頭部に45日間もの治療を要する重傷を負わせており，相手が先に手を出したとはいえ，これはやりすぎだともいいうる。まさにこのような見方によって，控訴審は過剰防衛としたのであった。しかし，防衛手段の点からみれば，指をねじあげられたのに対し，あいていた右手で胸のあたりを強く突き飛ばしたにすぎず，反撃手段としては必ずしもやりすぎだとはいえないし，一度押されたぐらいで，相手がひっくり返って後頭部に重傷を負ったのは，不運な偶然の結果だともみうる。このような観点から，本判決は「やむを得ずにした行為」だとして正当防衛の成立を認めたのである。

*3｜
重大な結果が生じたのが「たまたま」でなければならない。重大な結果の発生を意図していた場合や認識していた場合は別問題である。〔判例19〕の控訴審における相当性の判断方法を参照。

*4｜
緊急避難（37条1項本文）の場合，「生じた害が避けようとした害の程度を超えなかった」こと（害の均衡）が要件とされている。III-3のIntroduction（p. 55）参照。

*5｜
本判決についてひととおり理解できたら，最判平成元・11・13刑集43巻10号823頁（百選I-25）もみてみよう。もう一歩先へ（p. 60）参照。

17 自招侵害

最高裁平成20年5月20日決定（刑集62巻6号1786頁） ▶百選Ⅰ-26

事案をみてみよう

被告人Xは，夕方に帰宅途中，Aが自転車にまたがったまま，歩道上のごみ捨て場にごみを捨てていたのを見て，周辺住民でない者がごみを捨てていると思って声をかけた。そして，これをきっかけに，2人は言い争いになった。Xはいきなりの左ほおを手けんで1回殴り，直後に走って立ち去った。Aは，「待て。」などと言いながら，自転車でXを追いかけ，約90m進んだところで追いつくと，自転車に乗ったまま，プロレスのラリアット技のように，水平に伸ばした右腕で，後方からXの背中の上部または首付近を強打した。これにより前方に倒れたXは，起き上がると，護身用に携帯していた特殊警棒でAの顔面や防御しようとした左手を数回殴りつけ，加療約3週間を要する顔面挫創，左手小指中節骨骨折の傷害を負わせた。

読み解きポイント

本件では，XがAを特殊警棒で殴った行為に正当防衛（36条1項）が成立するかが問題となっているが，そもそもAの攻撃は，はじめにXがAに手を出したことがきっかけとなっている。このような事前の事情が正当防衛の成立可能性にどのような影響を及ぼすかを読み解こう。

決定文を読んでみよう

「被告人は，Aから攻撃されるに先立ち，Aに対して暴行を加えているのであって，Aの攻撃は，被告人の暴行に触発された，その直後における近接した場所での一連，一体の事態ということができ，被告人は不正の行為により自ら侵害を招いたものといえるから，Aの攻撃が被告人の前記暴行の程度を大きく超えるものでないなどの本件の事実関係の下においては，被告人の本件傷害行為は，被告人において何らかの反撃行為に出ることが正当とされる状況における行為とはいえないというべきである。そうすると，正当防衛の成立を否定した原判断は，結論において正当である。」

この決定が示したこと

自らの違法行為によって相手の侵害を招いた場合，これに対する反撃行為には正当防衛が成立しない場合がありうる。そのためには，相手の侵害が自らの違法行為に

> よって引き起こされた一連一体の事態であると評価できること，相手の侵害が自らの違法行為の程度を大きく超えるものでないことが要件になることを示した。

解説

Ⅰ．問題の所在

　[判例14] の解説の最初でも触れたように，正当防衛が問題となる事例では，事前に何らかのいきさつがあることが多い。こうした事前のいきさつが正当防衛の成立にどのような影響を及ぼすかという問題は，積極的加害意思と急迫性という論点の枠内で古くから検討の対象とされてきた。*¹ しかし本件で，Xは特殊警棒で反撃するに先立って，Aの侵害を予期していたかは定かではないし，立ち去ったところからして，積極的な加害意思を有していたとはいえないだろう。このように本件は，積極的加害意思と急迫性という枠組みではカバーできない新たな問題について取り扱うものである。

Ⅱ．自招侵害

　本決定では，XがAの侵害を招いたこと（自招侵害）を理由に，正当防衛の成立が否定された。もっとも，「何らかの反撃行為に出ることが正当とされる状況」ではないと述べるのみであり，36条1項のいずれの要件が否定されたのか明らかでない。急迫性要件を否定した控訴審について「原判断は，結論において正当である」というにとどまり，急迫性を否定したわけでもないようである。*²

　また，自招侵害のすべてについて正当防衛の成立を否定するわけでもなく，一定の条件がつけられている。まず「不正の行為」によって招いた場合に限定しているため，単に口頭で挑発しただけでは，正当防衛の成立は直ちに否定されないことになろう。また「一連，一体の事態」でなければならないから，たとえば翌日に偶然出くわした場合など，いったん事態が収まった後であれば，正当防衛は可能であるという趣旨であると解される。さらに，相手の侵害が自己の違法行為の「程度を大きく超えるものでない」という事情も挙げられている。すなわち，自分が先にやったことを多少上回ることをされても，それは甘んじて受け入れなければならないが，たとえば素手で殴ったところ，相手が日本刀で斬りかかってきた事例のように，自分のやったことを大きく上回る攻撃に対しては正当防衛は可能であることを意味しているといえよう。

Ⅲ．本決定の具体的判断

　本件では，XがAの顔面を殴るという違法行為がきっかけで，Aの攻撃を招いている。AのXに対する攻撃は，右腕で背中の上部または首付近を強打するという程度にとどまっており，XがAに行った行為の程度を大きく上回るものではない。しかも，Aは，Xに殴られた後すぐに自転車で追いかけ，90m離れた地点でXに攻撃を加えたというのであるから，一連一体の事態と評価できる。以上のことから，本決定は，自招侵害として，Xの反撃行為につき正当防衛の成立を否定したのである。

*¹ あらかじめ侵害を予期していた者が，その機会を利用して積極的に相手に対して加害行為をする意思（積極的加害意思）で侵害に臨んだときは，侵害の急迫性は失われるというのが確立した判例となっている（[判例14]）。

*² 本決定について，そもそも"正"対"不正"という正当防衛の前提となる基本的図式，あるいは緊急行為性が欠けることを示したものと理解する見解が有力に主張されている。

18 過剰防衛の限界

最高裁平成20年6月25日決定（刑集62巻6号1859頁） ▶百選Ⅰ-27

事案をみてみよう

　被告人Xは，Aに呼ばれて屋外喫煙所へ移動すると，いきなり殴りかかられたため，反撃し，Aともみ合いになった。XがAを引き離して顔面を1回殴ると，Aはアルミ製灰皿（直径19 cm，高さ60 cm）をXに投げつけた。Xは，これをよけて，灰皿を投げた反動で体勢をくずしたAの顔面を殴ったところ，Aは転倒して，後頭部を地面に打ちつけ，あおむけに倒れたまま動かなくなった（第1暴行）。Xは状況を十分に認識しながらも，怒りが収まらなかったことから，倒れているAに「おれを甘く見ているな。おれに勝てるつもりでいるのか。」などと言い，腹部を足げにしたり，ひざをぶつけるなどの暴行を加えた（第2暴行）。Aは搬送先の病院でクモ膜下出血により死亡したが，この死因となった頭部の傷害は第1暴行によって生じたものであった。また第2暴行により，肋骨骨折，脾臓挫滅，腸間膜挫滅等を負っていた。

✓ 読み解きポイント

　第1暴行それ自体は，問題なく正当防衛（36条1項）であることが認められる。これに対し，第2暴行は急迫不正の侵害終了後に行われているため正当防衛にはならないが，第1暴行と一体的にとらえて，過剰防衛（36条2項）として刑が減免されうるかが問題となる。しかし，あおむけで動かない相手への一方的な激しい暴行を，第1暴行と一体的にとらえて，刑の減軽または免除というメリットを与えるべきだろうか。こうした一体性の判断について，最高裁はどのような基準を示し，どのような具体的判断を行ったかを読み解こう。

*1
結果は重大だが，防衛行為の相当性は認められるからである。詳しくは，［判例16］参照。

📖 決定文を読んでみよう

　「第1暴行により転倒したAが，被告人に対し更なる侵害行為に出る可能性はなかったのであり，被告人は，そのことを認識した上で，専ら攻撃の意思に基づいて第2暴行に及んでいるのであるから，第2暴行が正当防衛の要件を満たさないことは明らかである。そして，両暴行は，時間的，場所的には連続しているものの，Aによる侵害の継続性及び被告人の防衛の意思の有無という点で，明らかに性質を異にし，被告人が前記発言をした上で抵抗不能の状態にあるAに対して相当に激しい態様の第2暴行に及んでいることにもかんがみると，その間には断絶があるというべきであって，急迫不正の侵害に対して反撃を継続するうちに，その反撃が量的に過剰にな

050

ったものとは認められない。そうすると，両暴行を全体的に考察して，1個の過剰防衛の成立を認めるのは相当でなく，正当防衛に当たる第1暴行については，罪に問うことはできないが，第2暴行については，正当防衛はもとより過剰防衛を論ずる余地もないのであって，これによりAに負わせた傷害につき，被告人は傷害罪の責任を負うというべきである。」

> **↓ この決定が示したこと ↓**
>
> いわゆる量的過剰防衛は，全体として1個の過剰防衛といえる場合に成立し，断絶が認められる場合には成立しない。その判断にあたっては，時間的・場所的連続性のみならず，侵害の継続性や防衛の意思の有無の観点から考察しなければならないことを示した。

解説

I．2つの過剰防衛

判例・通説によれば，過剰防衛には，質的過剰防衛と量的過剰防衛の2種類があるとされている。質的過剰防衛とは，正当防衛状況の中で，やりすぎだと認識しながら，行きすぎた防衛行為を行う場合を指す。たとえば，平手打ちしてきた者に対して，けん銃を発砲するような場合がこれにあたる。これに対し，量的過剰防衛とは，客観的に正当防衛状況が終了し，そのことを認識しているにもかかわらず反撃を続行する場合を指す。たとえば，襲ってきた強盗をノックアウトしたのに，殴り続ける場合がこれにあたる。いずれの場合も犯罪ではあるが，急迫不正の侵害を受けた者が恐怖や興奮といった異常な精神状態から，行きすぎた反撃を行ってしまうことは強く非難できないことを理由に，刑を減軽または免除できるとされているのである。*2

II．量的過剰防衛の限界

本決定によれば，量的過剰防衛とは，「急迫不正の侵害に対して反撃を継続するうちに，その反撃が量的に過剰になった」場合をいうとされ，*3 いわばひとつの流れの中で行われることが必要だとされている。本決定は，時間的・場所的連続性だけでなく，侵害の継続性や防衛の意思の有無を基準に，断絶が認められる場合には，それより後の行為は新たな犯罪であり，過剰防衛の一部とはいえないという一般論を示している。

III．本決定の具体的判断

まず，第2暴行については，Aからの侵害は継続せず，もっぱら攻撃の意思で行っていると認定し，防衛の意思を持って行われた第1暴行とは性質が異なる点を指摘している。さらに，「おれに勝てるつもりでいるのか。」などのXの発言，すでにあおむけで倒れているというAの状態，それに対する相当激しい暴行などに照らして，第1暴行と第2暴行との間には「断絶」があるとした。これにより，2つの暴行は1個の量的過剰防衛行為ではないため，第2暴行に傷害罪が成立するとしたのである。*4

*2
36条2項の刑の任意的減免の根拠については，学説上争いがあるが，本文で示したような責任減少（強く非難できないこと）に主たる理由があるというのが通説である。

*3
「殺すぞ」と脅しながら大型のハサミを持って向かってきた者に対し，その場にあった鉈で頭部を2回殴りつけ，横倒しになった後も数回切りつけて即死させたという事案をめぐり，全体として1個の量的過剰防衛行為にあたるとした判例がある（最判昭和34・2・5刑集13巻1号1頁）。本決定も，量的過剰防衛とはこのような場合を指すと考えていると思われる。

*4
本決定の翌年に出された最高裁平成21年決定では，「急迫不正の侵害に対する一連一体のものであり，同一の防衛の意思に基づく1個の行為と認めることができるから，全体的に考察して1個の過剰防衛」にあたるという判断が示された（最決平成21・2・24刑集63巻2号1頁）。もう一歩先へ（p.60）参照。

19 誤想過剰防衛

英国騎士道事件

最高裁昭和62年3月26日決定（刑集41巻2号182頁） ▶百選Ⅰ-29

事案をみてみよう

　スナックで飲食後，Bは酔っ払っているA女をなだめていたが，Aが暴れ出して，もみ合いとなり，倉庫の鉄製シャッターにぶつかって尻もちをついた。その場を通りかかった被告人X（イギリス人）は，BがAに暴行を加えているものと勘違いし，両者の間に割って入ったところ，Aが「ヘルプミー。」と叫んだので，Bのほうを振り向いた。そしてBが防御のために手を握って胸の前あたりにあげたのを，Xはボクシングのファイティングポーズのような姿勢をとって自分に殴りかかってくるものと勘違いした。そこでXは自己およびAの身体を防衛しようと考え，とっさにBの顔面付近を目がけて回し蹴りをして，右顔面付近に当てた。Bは路上に転倒し，8日後に脳硬膜外出血および脳挫滅により死亡した。

　なお，Xは身長が約180 cm・体重80 kg超の巨漢で，空手三段の腕前を有するのに対し，Bは身長約160 cm・体重約60 kgの小柄な男性であった。また，このような形でBが転倒する可能性のあることを，Xは認識していた。

✓ 読み解きポイント

　Xは傷害致死罪（205条）に問われた。しかしXは，Aや自分が襲われていると勘違いしてBに回し蹴りをしたにすぎない。ただ，XはBが転倒することを認識しながら，あえて危険な回し蹴りをしている。このような勘違いによる防衛行為の場合に，そもそも罪を犯す意思があるといえるだろうか。仮に傷害致死罪が成立するとして，刑の減軽や免除が認められることはあるか。その根拠は何か。ここに注目して読み解こう。

📖 決定文を読んでみよう

　「右事実関係のもとにおいて，本件回し蹴り行為は，被告人が誤信したBによる急迫不正の侵害に対する防衛手段として相当性を逸脱していることが明らかであるとし，被告人の所為について傷害致死罪が成立し，いわゆる誤想過剰防衛に当たるとして刑法36条2項により刑を減軽した原判断は，正当である」。

> ⇩ **この決定が示したこと** ⇩
>
> 急迫不正の侵害を誤信し，しかも相手に過剰な反撃を加えた場合を誤想過剰防衛といい，こうした事例では故意犯が成立するが，36条2項により刑を減軽または免除できることを示した。[*1]

解説

I．誤想防衛と誤想過剰防衛はどのように区別されるか？

　急迫不正の侵害が存在しないのに，それが存在すると勘違いして相手に攻撃を加えたという場合，①どのような急迫不正の侵害を誤って認識したのか，②どのような攻撃を相手に加えたか，という2つのファクターを組み合わせて判断する。すなわち，誤って想像した急迫不正の侵害が仮に現実のものだったならば，相手に加えた攻撃は防衛行為として相当性の範囲内にあるか，という判断をするのである。[*2] 相当性の範囲内にとどまる場合を誤想防衛という。これに対し，相当性の範囲を超える過剰な防衛行為を行い，しかもその過剰な事実を認識している場合を誤想過剰防衛という。

　本決定が支持した控訴審は，①Xは，Bが素手でAに暴行を加え，Xに殴りかかってこようとしていると誤って認識したと認定した。そして，そのような誤った認識を前提に，②それが仮に現実のものだったとしても，頭部への回し蹴りは相当性の範囲を超える過剰防衛にあたり，またそのことをXは認識していたと認定して，誤想過剰防衛にあたるとしたのである。[*3]

II．誤想防衛と誤想過剰防衛はどのような結論になるか？

　誤想防衛の場合，正当防衛を行っているという事実の認識しかなく，適法な事実の認識しかないことから，罪を犯す意思はないため，故意犯は成立しない。勘違いに不注意が認められる場合に限り，過失犯が成立するにとどまる。

　これに対し，本件で問題となった誤想過剰防衛の場合，過剰防衛自体が犯罪であるため，違法な事実の認識があるといえる。したがって罪を犯す意思があるといえ，故意犯は成立する。しかし判例・通説によれば，36条2項に基づいて刑が減軽または免除されうる。これは過剰防衛の規定だが，刑の減免の趣旨は，恐怖や興奮から行きすぎた防衛行為に出てしまうのは無理もないことで，強く非難できないことにある。誤想過剰防衛の場合も，同様の心理状態から行きすぎた行為を行ったことにつき，やはり強く非難できないことから，刑を減免しうるのである。

　控訴審は，誤想過剰防衛であるとした上で，故意犯である傷害致死罪の成立を肯定し，36条2項に基づき刑を減軽した。そして，これを本決定は支持したのである。

[*1] 本決定は減軽にしか言及していないが，免除の可能性を認めた控訴審を是認していることから，免除をも認める趣旨と理解してよいだろう。下級審裁判例では，免除を認めたものも散見される。

[*2] 防衛行為の相当性については，[判例**16**]を参照。

[*3] **過剰防衛**
過剰防衛については，Introduction（p. 41）参照。

緊急避難

あなたは深夜に目覚めた際，自宅が火事になっていることに気がついた。すでに火が回り，もはや玄関からの脱出が不可能で，死を覚悟しなければならない状況であった。そこで，あなたは自宅のベランダから，住人の同意を得ないまま，2 m離れた向かいのマンションの部屋のベランダに飛び移り，ギリギリで助かった。このように，生命や身体などの危険にさらされた者が，無関係の人の利益を犠牲にして，危険な状況から逃れる場合に，緊急避難が成立する。緊急避難は犯罪ではない。裁判では無罪判決が下される。

もっとも，緊急事態とはいえ，何ら罪のない人の利益の犠牲をともなうことから，緊急避難の成立を広く認めすぎるのも問題である。それでは，どのような場合に，緊急避難は認められるだろうか。以下でみていくことにしよう。

（緊急避難）
37条　① 自己又は他人の生命，身体，自由又は財産に対する現在の危難を避けるため，やむを得ずにした行為は，これによって生じた害が避けようとした害の程度を超えなかった場合に限り，罰しない。ただし，その程度を超えた行為は，情状により，その刑を減軽し，又は免除することができる。

1. 緊急避難とは

エンピツくんが挙げている事例で，あなたがベランダに入った行為は，緊急避難にあたるため，犯罪ではない。もっとも，他人の住居のベランダに無断で入る行為は，住居侵入罪（130条）にあたりうる行為であり，普通ならば，やってはならないことである。向かいに住む人は，あなたの家に放火したわけではなく，何も悪いことをしていないのだから，なおさらであろう。しかし，消防による保護・救助が間に合わない場合には，こうした罪のない無関係の人の利益を犠牲にすることも一定の範囲で許さなければ，生命や身体をはじめとする，わたしたちの重要な利益を十分に保護することはできない。そこで，37条1項本文に，緊急避難の規定が置かれているのである。

緊急避難は，緊急の場面で例外的に許される行為であるという点では，正当防衛と共通する。しかし，正当防衛は，不正な侵害者への反撃であるのに対し，緊急避難は，何も悪いことをしていない人の利益を犠牲にする行為である。したがって，行われな

いほうが望ましい行為であり，成立要件も厳しいものとなっている（3，4参照）[*1]。

2．危難の現在性

37条1項本文の「危難」は，犯罪を典型とする「不正な侵害」に限られない。エンピツくんの事例のような原因不明の火災でもよいし，台風や洪水といった自然現象も含まれる。

また，危難は「現在の」ものでなければならない（この要件を「現在性」という）。言い回しは違うが，正当防衛の急迫性と同じ意味であると考えられており，危難がすでに存在している場合，あるいは間近に迫っている場合を意味するとされている［→判例20，判例21］。

エンピツくんの事例では，火が回り，死を覚悟するほどの状況だったのだから，危難の現在性は，当然に認められる。

3．やむを得ずにした行為

現在の危難が発生したからといって，何をしてもよいわけではなく，「やむを得ずにした行為」でなければならない。判例・通説によれば，その避難行為に出る以外に，より穏やかな方法がないことを意味すると理解されている（この要件を「補充性」という）。繰り返し述べるように，緊急避難は，何ら罪のない人に害を加える行為だから，なるべくなら，行われないほうがよい。こうしたことから，「やむを得ずにした」という言葉は，正当防衛よりも，厳しい意味に理解されているのである［→判例20］。

エンピツくんの事例では，もはや玄関から逃げられない状況にあり，より穏やかな方法がほかに存在しないため，「やむを得ずにした」といえる。これに対し，仮に，玄関から余裕を持って逃げられる状況で，あえてベランダに立ち入ったのであれば，緊急避難は成立しないことになろう。

4．害の均衡

緊急避難が成立するためには，「生じた害が避けようとした害の程度を超えなかった」ことが必要である（この要件を「害の均衡」という）。これは正当防衛にはみられない要件である。エンピツくんの事例で，あなたは，生命が失われるのを避けるために，他人の住居に立ち入るという害を加えたにすぎないから，より小さな害しか発生させておらず，害の均衡の要件は満たされている。仮に，隣人の生命を犠牲にした場合でも，生じた害が等しいため，害の均衡の要件は満たされ，緊急避難は成立する。

これに対し，たとえば，身体を守るために，他人の生命を侵害する場合には，より大きな害をもたらしているので，害の均衡の要件は満たされていない。こうした場合を過剰避難という。このケースでは，犯罪が成立するが，37条1項ただし書により，刑の減軽や免除をすることはできる。恐怖や興奮から，行きすぎた避難行為を行ってしまうことについて，強くは責められないからである［→判例21］。

5．強要による緊急避難

発展的な問題として，「強要による緊急避難」という論点がある。たとえば，「指示に従わないと，おまえを殺すぞ。」と脅されたので，自分の生命を守るために，指示どおりに他人を殺害した場合，緊急避難が成立するかが議論されている［→判例21］。

[*1] 緊急避難は，正当防衛との違いを意識しつつ，理解することが重要である。正当防衛（Ⅲ-2）の説明も，必要に応じて読み直すことを心がけよう。

20 現在の危難と補充性

吊橋爆破事件

最高裁昭和35年2月4日判決（刑集14巻1号61頁）　▶百選Ⅰ-30

事案をみてみよう

東北地方A村の所有する吊橋が腐朽し，車や馬の通行に危険が生じていた。道路委員などの立場にあった被告人Xらは，橋を架け替えるよう村当局に何回も要請したが，要求は通らなかった。そこで，雪によって橋が落ちたように見せかけて災害補償金の交付を受ければ，橋の架け替えが容易になると考え，Xらはダイナマイトで橋を爆破し，川に落下させた。

✓ 読み解きポイント

Xらの行為は，爆発物使用罪（爆発1条）[*1]と往来妨害罪（124条1項）[*2]の構成要件に該当するが，Xらは緊急避難（37条1項本文）が成立すると主張して争った。本判決は，通行者の生命・身体などに対する「現在の危難」はないとしたが，「現在の危難」の意味をどのように理解し，また危難と現在性のうちいずれを否定しているか。また橋の爆破は「やむを得ずにした行為」とはいえないとされたが，この要件はどのような意味で理解され，いかなる具体的事情に照らしてこの要件が欠けるとされたのか。これらの点に注意して読み解こう。

📖 判決文を読んでみよう

「原審は，本件吊橋……は腐朽甚しく，……通行者は刑法37条1項にいわゆる『現在の危難』に直面していたと判断しているのである。しかし，記録によれば，右吊橋は(1)<u>200貫ないし300貫[*3]の荷馬車が通る場合には極めて危険であったが，人の通行には差支えなく</u>……，しかも<u>右の荷馬車も，村当局の重量制限を犯して時に通行する者があった程度であった</u>ことが窺える……のであって，果してしからば，<u>本件吊橋の動揺による危険は，少くとも本件犯行当時……の冬期においては原審の認定する程に切迫したものではなかったのではないかと考えられる</u>。」

「原審は，被告人等の本件所為は右危険を防止するためやむことを得ざるに出でた行為であって，ただその程度を超えたものであると判断するのであるが，仮に本件吊橋が原審認定のように切迫した危険な状態にあったとしても，(2)<u>その危険を防止するためには，通行制限の強化その他適当な手段，方法を講ずる余地のないことはなく，本件におけるようにダイナマイトを使用してこれを爆破しなければ右危険を防止しえないものであったとは到底認められない</u>。しからば被告人等の本件所為については，

[*1] 爆発物取締罰則1条
「治安を妨げ又は人の身体財産を害せんとするの目的を以て爆発物を使用したる者及び人をして之を使用せしめたる者は死刑又は無期若くは7年以上の懲役又は禁錮に処す」。
死刑が規定され，また懲役や禁錮の下限も7年とされており，法定刑はきわめて重い。

[*2] 刑法の第2編第11章に「往来を妨害する罪」（124条～129条）が規定されている。道路や橋の通行を妨げる行為のほか，電車などを横転させたり，その危険を生じさせたりする行為（たとえば置き石）などを処罰する規定が設けられている。

[*3] 1貫＝3.75kg，200貫〜300貫＝750kg〜1125kgである。

056

緊急避難を認める余地」はない。

> ↓ **この判決が示したこと** ↓
>
> 37条1項本文の「現在の危難」とは，危難が切迫していることを意味する。また「やむを得ずにした行為」とは，ほかに適当な手段・方法を講ずる余地がないこと（補充性）を意味することを示した。

解説

I．現在の危難

「現在の危難」における「現在」とは，危難が現に存在し，あるいは切迫していることを意味するというのが通説であり，判例の立場でもある。[*4] 本判決では，橋の通行者の生命・身体に対する「現在の危難」が欠けると判断されたが，750kg以上の荷馬車の通行には「極めて危険」と判断されており，「危難」の存在自体は否定されていないことに注意を要する。むしろ，橋の爆破当時は冬期で全体としての通行量は少ないこと，重量制限をオーバーする荷馬車の通行もみられたが，それはたまにしかなかったこと，人の通行には支障がなかったことなどの具体的事情に照らして，危難の存在は否定できないが，それが切迫していないため，「現在の」とはいえないとされたのである（Point-1）。

II．やむを得ずにした行為

現在の危難がなかったことを説明すれば，緊急避難の成立を否定するには十分であったが，本判決は，現在の危難があったと仮定した場合，「やむを得ずにした行為」といえるかという問題についても言及している。

「やむを得ずにした行為」とは，その避難行為に出る以外にほかにより穏やかな方法がないこと，つまり補充性を意味するというのが通説であり，判例も戦前より今日に至るまで同様の理解を示している。[*5] 緊急避難行為は正当な法益を侵害する行為である以上，できるだけ控えめに行われることが望ましいからである。本判決では，通行制限の強化を例に挙げ，より穏やかな手段がほかに存在するにもかかわらず，爆発物の使用という危険な重大犯罪を犯して，橋の利用を不可能にするという手段を選択することに補充性はないと判断したのである（Point-2）。[*6]

*4｜最大判昭和24・5・18刑集3巻6号772頁。

*5｜大判昭和8・9・27刑集12巻1654頁，前掲最大判昭和24・5・18。

*6｜さらに本判決では，過剰避難（37条1項ただし書）の成立も否定されたが，その理由は必ずしも明らかでなく，いくつかの解釈が可能である。

21 強要による緊急避難

東京地裁平成8年6月26日判決（判タ921号93頁）

事案をみてみよう

　被告人Xは、ある宗教団体の元信者であったが、教団施設に収容されている母親を連れ出す目的から、元信者Aと施設に忍び込んだ。しかし信者らに取り押さえられ、手錠をかけられるなどして、施設内の一室に連行され、教団代表者Yおよび10名近くの教団幹部の前に連れ出された。Yより、家に帰す条件として「お前がAを殺すことだ。」と言われ、「できなければ、お前も殺す。」と脅されたので、XはAの首をロープでしめつけて殺害した。

読み解きポイント

　本件のように、他人に強要されて犯罪を行う場合を「強要による緊急避難」という。Xは、自分に危害を加えられることを避けるためにAを殺害したのだから、緊急避難（37条1項本文）が成立しそうである。もっとも別の見方をすれば、Xの行為は、Yらの犯罪実現に貢献しているともいえ、こうした理解から、緊急避難の成立を否定する有力説もある。本判決は、この問題について、どのような立場に立っているか。この点に注意して読み解こう。

判決文を読んでみよう

　「被告人の身体の自由に対する現在の危難が存在したことは明らか」だが、「『できなければお前も殺す。』というYの言葉も、……脅し文句の一種と理解すべき」であり、「ただちに被告人が殺害されるという具体的な危険性も高かったとは」いえず、「被告人の生命に対する現在の危難は存在しなかったというべきである」。

　「過剰避難の成立要件である『已むことを得ざるに出でたる行為』とは、当該避難行為をする以外に他に方法がなく、このような行為を行うことが条理上肯定し得る場合をいう。そして、本件のように、避難行為が他人の生命を奪う行為である場合には、右の要件をより厳格に解釈すべき……である。」

　「補充性の要件についていえば、……客観的にみて、現在の危難を避け得る現実的な可能性をもった方法が当該避難行為以外にも存在したか否かという点が重要なのであり、……被告人が身体拘束状態から解放されるためには、Aを殺害するという方法しかとり得る方法がなかったものと認めざるを得ない。」「次に、……被告人が現に直面している危難は被告人の身体の自由に対する侵害であるが、……その背後には、

*1｜過剰避難
生じた害が避けようとした害の程度を超えた場合には、過剰避難が成立する。この場合、犯罪は成立するが、37条1項ただし書により、刑の減軽または免除ができるとされている。これについてはIntroduction（p.55）参照。

……被告人の生命に対する侵害の可能性もなお存在したといい得るのであるから，……殺害行為に……出ることが条理上肯定できないとまではいえない。したがって，……避難行為の相当性も認められる」。「以上の次第で，被告人のA殺害行為は，……已むことを得ざるに出でたる行為とは認められるが，……法益の均衡を失していることも明らかであるから，……過剰避難が成立する」。

> ↓ **この判決が示したこと** ↓
>
> いわゆる強要による緊急避難の事例でも，通常の場合と同じように，緊急避難や過剰避難が成立しうることを示した。

解説

Ⅰ．問題の所在と議論状況

強要による緊急避難という論点は，外国の議論の紹介などを通じて古くから知られていたが，本判決をきっかけとして，本格的に議論されるようになった。こうした議論の中で，強要による緊急避難の場合，緊急避難は成立しないとする立場も有力に主張されている。通常の緊急避難と異なり，避難行為者は背後者の犯罪実現の手段とされ，その不法に加担しているので，緊急避難の成立が否定されるというのである。これに対し，多数説は，あくまでも罪に問われるべきは背後者であり，犯罪の道具にされた者を非難するのは妥当でないと反論する。したがって，強要による緊急避難の特殊性を考慮して緊急避難の成立を制限することは不当であるとしている。

Ⅱ．本判決の判断

本判決では，そもそも強要による緊急避難のケースで緊急避難の成立を認めてよいかという理論的問題について真正面から論じられていない。むしろ成立しうることを前提に，個々の成立要件を満たしているかが順を追って検討されている。判決文全体を通じ，強要による緊急避難の特殊性を考慮した記述はみられない。そして具体的判断においては，身体の自由に対する現在の危難から逃れるために，生命を侵害したのであるから，「生じた害が避けようとした害の程度を超えなかった場合」とはいえず，「その程度を超えた行為」にあたるから，過剰避難が成立するとされたのである。

Ⅲ．本判決後の裁判例

本判決後，暴力団事務所内で頭部にけん銃を突きつけられて覚せい剤を自分で注射するよう迫られたため，注射しなければ殺されると思い覚せい剤を自己の身体に注射したという事案が問題となった。東京高裁は，緊急避難の成立を認め，覚せい剤使用罪（覚せい剤19条・41条の3）の成立を否定し，無罪を言い渡している。この判決でも，強要による緊急避難の特殊性に配慮する記述はみられない。こうした動向からすると，強要による緊急避難の場合も，通常の場合と同様，緊急避難の成立可能性を認めるのが判例実務の基本的な立場であるといってよいだろう。

*2
本件以前にも，XがYから一緒に犯罪をしないと殺すと脅され，やむなくYと一緒に強盗をしたという事案につき，生命・身体に対する現在の危難が存在しないという理由で，緊急避難の成立を否定した判例がある（最判昭和24・10・13刑集3巻10号1655頁）。

*3
すでに生命に対する危難が存在したのではないかという批判もなされている。

*4
東京高判平成24・12・18判タ1408号284頁。

Step Up　もう一歩先へ

1. 積極的安楽死

［判例13］（川崎協同病院事件）でみたように，死期が迫った患者の生命を絶つことが許されるかという問題をめぐり，当初は，末期患者を肉体的苦痛から解放するために薬物などを投与して直接的に殺害すること（積極的安楽死）の許容性が主な争点であった。

この問題に関する重要判例として，まず，名古屋高判昭和37・12・22高刑集15巻9号674頁を挙げることができる。事案は，苦痛にあえぐ末期患者の父親を楽に死なせるために，息子が，農薬を入れた牛乳を飲ませて殺害したというものである。名古屋高裁は，①病者が現代医学の知識と技術からみて不治の病に冒され，しかもその死が目前に迫っていること，②病者の苦痛が甚だしく，誰もが真にこれをみるに忍びない程度のものであること，③もっぱら病者の死苦の緩和の目的でなされたこと，④病者の意識がなお明瞭であって意思を表明できる場合には，本人の真摯な嘱託または承諾のあること，⑤医師の手によることを原則とし，これによることができない場合にはそれを認めるに足りる特別な事情があること，⑥その方法が倫理的にも妥当なものとして認容しうるものであること，という6要件が満たされた場合には，行為の違法性が否定されうるという一般論を展開したが，本件では，⑤⑥の要件が満たされていないことを理由に正当化を認めず，嘱託殺人罪（202条）の成立を肯定している。

もう1つの重要判例として，横浜地判平成7・3・28判タ877号148頁（百選Ⅰ-20）が挙げられる。事案は，医師が，家族の希望を受けて，意識のない末期患者に薬物を注射して殺害したというものである。この判決では，名古屋高裁の6要件を修正する形で，①患者が耐えがたい肉体的苦痛に苦しんでいること，②患者は死が避けられず，その死期が迫っていること，③患者の肉体的苦痛を除去・緩和するために方法を尽くし他に代替手段がないこと，④生命の短縮を承諾する患者の明示の意思表示があること，という4要件が挙げられたものの，①③④の要件が満たされていないことを理由に，正当化は認められず，医師に殺人罪（199条）が成立するとされた。現在では，積極的安楽死は許されないという認識が医学界で共有されるに至ったことなどを背景に，「治療行為の中止」の許容性が，主たる争点となっている。

2. 正当防衛

(1) 防衛行為の相当性　［判例16］の「防衛手段」に着目する判断方法について，「武器対等の原則」を判断の基礎にしていると解釈する見解が有力化した。ただ，こうした見方は下級審裁判例にも一定の影響力を及ぼしたが，その後の最高裁判決によって否定されることになる。最判平成元・11・13刑集43巻10号823頁（百選Ⅰ-25）は，年齢が若く，体力も上回る不正な侵害者に対し，被告人が，約3ｍ離れて向き合い，包丁を右手で腰のあたりにかまえて，「切られたいんか。」などと申し向けた行為につき，防衛手段の相当性の範囲を超えていないと述べて，過剰防衛にとどまるとした控訴審判決を破棄し，正当防衛の成立を認め，示凶器脅迫罪（暴力1条）の違法性は阻却されるとした。このように，最高裁は，「素手か凶器か」という形式的な判断をしているのではなく，年齢や体格差，（見せて脅すだけか，殺傷行為に出るかといった）凶器の用い方などを総合的に考慮し，事案に応じて柔軟に，防衛手段の相当性の判断を行うべきだとしているのである。こうした実質的な判断方法は，その後の裁判例において，基本的に受け継がれている。

(2) 過剰防衛の一体性　すでにみたように，［判例18］では，過剰防衛の一体性が否定された。しかし，最決平成21・2・24刑集63巻2号1頁では，被害者が机を押し倒してきたため，被告人が机を押し返し（第1暴行），被害者を反撃や抵抗が困難な状態にしたが，さらに被害者の顔面を手けんで数回殴り（第2暴行），指にけがをさせたという事案について，「急迫不正の侵害に対する一連一体のものであり，同一の防衛の意思に基づく1個の行為と認めることができるから，全体的に考察して1個の過剰防衛としての傷害罪の成立を認めるのが相当」であるとした。このことからもわかるように，判例は，事案に応じて，全体を1個としてとらえたり，分けて考えたりしている。なお，このケースで，さらに頭を悩ませるのが，指のけがが第1暴行から生じたという点である。というのも，もし切り分けて考えれば，第1暴行それ自体は正当防衛であるため，傷害罪（204条）は成立しないからである。そのため，正当防衛から生じた適法な結果が，犯罪の一部とされてしまっているのは問題であるという指摘もなされている。

Chapter IV

責任

本章で学ぶこと

1. 故意・錯誤・違法性の意識
2. 過失
3. 責任能力と原因において自由な行為

Chapter Ⅱでは，犯罪の第1の成立要件である構成要件該当性，Chapter Ⅲでは，第2の成立要件である違法性について学んだ。本章では，第3の成立要件である責任（有責性）を扱う。

ここでいう「責任」は，日常用語で「責任を果たす」とか「責任をとる」というときの「責任」とは少し意味が違う。犯罪の成立要件としての責任とは，一言でいうと，非難可能性である。つまり，適法な行為を行うことができたにもかかわらず違法な行為を行ったことについて犯人を非難することができるということである。

たとえば，精神の障害のために善悪の判断ができない心神喪失の状態のXが殺意を持ってAを殺害したとしよう。Xの行為は，殺人罪の構成要件に該当するし，やってはいけない行為であることには違いないので，違法性も否定されない。ただ，Xは心神喪失の状態でAを殺害したのであるから，Xを非難することはできない。そのため，責任が否定され，殺人罪は成立しないのである。心神喪失のように，責任を否定する特別の理由のことを責任阻却事由と呼んでいる。

本章では，責任阻却事由として，責任能力（39条・41条）（Ⅳ-3）のほか，違法性の意識の可能性の不存在（Ⅳ-1）を取り上げる。また，故意（Ⅳ-1）と過失（Ⅳ-2）も責任に関係する要素であるので，本章で扱う。

Contents

Ⅰ 罪刑法定主義
Ⅱ 構成要件該当性
Ⅲ 違法性
ココ！ Ⅳ 責任
Ⅴ 未遂犯
Ⅵ 共犯

Introduction

Contents
ココ！ Ⅳ-1 故意・錯誤・違法性の意識
Ⅳ-2 過失
Ⅳ-3 責任能力と原因において自由な行為

故意・錯誤・違法性の意識

雨の日，コンビニに買い物に行って店を出るときに，自分の傘だと思って他人の傘を持って帰ってしまった経験はないだろうか。あるいは，友達から借りた本にうっかりコーヒーをこぼしてしまい，汚してしまったことはないだろうか。こんな経験のある人は，犯罪者なのだろうか。

たしかに，他人の持ち物を持ち去ったり汚したりしたというところだけをみれば，これらの行為は窃盗罪（235条）や器物損壊罪（261条）にあたっているようにも思える。しかし，犯罪は成立しない。それは故意がないからである。刑法では，いくら他人に迷惑をかけても，故意がなければ原則として処罰されないことになっている（ただし，刑事責任は問われなくても，損害賠償など民事責任は負うことがあるので，注意しよう）。

もちろん，故意がなくても処罰される場合はある。たとえば，不注意で人にぶつかって骨折させれば，過失傷害罪（209条）が成立する。それでも，故意に人を殴って骨折させたときに成立する傷害罪（204条）に比べると，かなり刑が軽い。

こうしてみてくると，刑法の世界では，故意があるかないかは，とても重要だということがわかる。そこで，以下では故意について考えてみよう。

（故意）
38条 ① 罪を犯す意思がない行為は，罰しない。ただし，法律に特別の規定がある場合は，この限りでない。
② 重い罪に当たるべき行為をしたのに，行為の時にその重い罪に当たることとなる事実を知らなかった者は，その重い罪によって処断することはできない。

1. 故意犯処罰の原則

38条1項にいう「罪を犯す意思」とは，故意のことである。つまり，38条1項本文は，故意がなければ原則として犯罪は成立しないと規定しているのである（故意犯処罰の原則）。

それでは，なぜ犯罪の成立には原則として故意が必要であるとされているのであろうか。たとえば，殺人罪（199条）では「人を殺してはいけない」，窃盗罪では「他人の物を盗んではいけない」というように，刑法は，各犯罪の規定を通じてルールを国民に示し，「そのルールに違反する行為をするな」と命じている。このようなルールのことを「規範」と呼んでいる。故意があれば，犯罪に該当する事実（犯罪事実）を

認識し，自分の行為がそのような規範に違反する違法な行為であることを知る機会が与えられているといえ（このことを「規範の問題に直面する」と表現する）、それにもかかわらず、あえて違法行為の遂行を決意したところに強い非難が向けられる。そのため、原則として故意がある場合に限って犯罪が成立するとされているのである。

2．故意の体系的地位

このように，故意は，非難可能性，すなわち，責任に関係する要素である。ただ，故意の有無を責任阻却の段階で判断するのかというと，そうではない。多くの見解は，故意を構成要件の要素であると考えている。同じように人を死亡させても，故意があれば殺人罪になり，故意がなければ過失致死罪（210条）か犯罪不成立になるというように，故意があるかないかによって罪名が変わるからである。

3．故意をめぐる問題

故意をめぐっては，主として3つの問題がある。

第1は，犯罪事実の認識の内容である。故意を認めるためには犯罪事実の認識が必要であるが，どのような事実を認識していれば犯罪事実の認識があったといえるかの判断は，必ずしも簡単ではなく，実際に争われるケースも多い〔→判例22，判例23〕。

第2は，事実の錯誤である。これは，認識した事実（認識事実）と実際に発生した事実（発生事実）とが一致しない場合に故意犯の成立を認めてよいかという問題である。事実の錯誤には，具体的事実の錯誤と抽象的事実の錯誤とがある。

具体的事実の錯誤とは，認識事実と発生事実とが同一の構成要件に属する錯誤をいう。たとえば，XがAという人を殺害する意思でけん銃を発砲したところ，Bという人を死亡させた場合，認識事実は殺人罪，発生事実も殺人罪であるから，これは具体的事実の錯誤の事例である。この場合に，殺害するつもりのなかったBに対する殺人罪の成立を認めてよいかが問題となる〔→判例24〕。

抽象的事実の錯誤とは，認識事実と発生事実とが異なる構成要件にまたがる錯誤をいう。たとえば，XがAという人に傷害を負わせる意思で石を投げたところ，Aの自動車を損壊した場合，認識事実は傷害罪であるのに対し，発生事実は器物損壊罪であるから，これは抽象的事実の錯誤の事例である。この場合に，意図していなかった器物損壊罪の成立が認められるかが問題となる。

38条2項は，刑の軽いA罪を行う意思だったのに実際には刑の重いB罪を犯してしまったという抽象的事実の錯誤の一類型に関する規定であり，重いB罪では処罰されないと定めている〔→判例25〕。

第3は，違法性の意識とその可能性である。違法性の意識がなかった場合（違法性の錯誤）、さらに，違法性の意識を欠いたことに相当な理由があった場合（違法性の意識の可能性の不存在）に，故意や責任が認められるかが問題となる〔→判例26〕。

*1 | 規範の問題に直面する
「規範の問題が与えられている」ともいう。さらに，違法行為とは反対の適法行為を行う決断をすることが可能であるという意味で，「反対動機の形成が可能である」と表現することもある。

*2 | 違法性の錯誤
客観的には違法な行為を行ったのに，自分の行為は違法ではないと思い込んでいた場合，つまり違法性の意識を欠く場合を「違法性の錯誤」と呼んでいる。たとえば，素手で殴ってきた相手から身を守るためにけん銃で射殺しても正当防衛として許されると思い込んでいた場合が，これにあたる。

*3 | 違法性の意識の可能性の不存在
「違法性の意識の可能性の不存在」とは，違法性の意識を欠いてもやむを得なかった場合をいう。たとえば，税務署の指示どおりに税金の申告をしたところ，税務署の指示が誤っており，その申告は実際には所得税法違反にあたっていたという場合が，これにあたる。

22 故意（1） 覚せい剤の認識

最高裁平成2年2月9日決定（判タ722号234頁） ▶百選 I -40

事案をみてみよう

　アメリカ国籍の被告人 X は，台湾において Y から「化粧品」を日本に運ぶよう頼まれ，承諾したが，日本へ向かう飛行機の中で，Y から，この「化粧品」は日本に持ち込めない商品であるから着用のベストに隠すよう指示され，これに従った。その際，X は，外部から内容物を触り，それが粉末状のものとわかったが，特定の薬物名までは認識せずに，それを日本に持ち込んだ。しかし，それは実際には覚せい剤であったため，X は，覚せい剤約3kgを密輸入し，そのうち約2kgを東京都内のホテルの一室で所持することになった。なお，X は，そのホテルで結晶をなめて，X の知っているコカインでないことはわかった。

　第1審と控訴審は，X に覚せい剤輸入罪，同所持罪の成立を認めた。[*1]

*1｜覚せい剤取締法
41条1項「覚せい剤を，みだりに，本邦若しくは外国に輸入し……た者……は，1年以上の有期懲役に処する。」
41条の2第1項「覚せい剤を，みだりに，所持し……た者……は，10年以下の懲役に処する。」

読み解きポイント

　覚せい剤輸入罪，同所持罪は故意犯であり，これらの罪が成立するためには故意（38条1項本文）が必要である。しかし，薬物事犯では，本件のように，被告人が「覚せい剤であるという認識はなかった」と主張し，故意の有無が争われることが多い。それでは，覚せい剤輸入罪，同所持罪の故意を認めるためには，どのような認識があったことが必要なのだろうか。

決定文を読んでみよう

Point

　「原判決の認定によれば，被告人は，本件物件を密輸入して所持した際，<u>覚せい剤を含む身体に有害で違法な薬物類であるとの認識があったというのであるから，覚せい剤かもしれないし，その他の身体に有害で違法な薬物かもしれないとの認識はあったことに帰することになる</u>。そうすると，覚せい剤輸入罪，同所持罪の故意に欠けるところはないから，これと同旨と解される原判決の判断は，正当である。」

⇩ この決定が示したこと ⇩

　覚せい剤輸入罪，同所持罪の故意としては，「覚せい剤を含む身体に有害で違法な薬物類である」との認識があれば足りることを示した。

解説

Ⅰ．覚せい剤輸入罪等の故意

1 ▸▸ 問題の所在

故意の中心的要素は，犯罪事実の認識である。たとえば，殺人罪（199条）の故意があったというためには，「人を殺す」ことの認識が必要であり，猿や犬を殺す認識があっても殺人罪の故意とはいえない。そうだとすれば，覚せい剤輸入罪，同所持罪の故意としては，「覚せい剤を輸入，所持する」ことの認識が必要となるはずである。しかし，本件では，内容物が覚せい剤であるとの明確な認識がXにあったとはいえないことから，故意の有無が争われた。

なお，判例は，結果発生の可能性の認識と認容があれば故意が認められると解している（未必の故意）。したがって，「もしかしたら，この粉末は覚せい剤かもしれないが，それでもかまわない」と思ったのであれば，覚せい剤輸入罪等の故意は認められる。しかし，Xにはそのような認識すらなく，覚せい剤のことは全く思い浮かばなかったのであるから，未必の故意は認められない。

2 ▸▸「類」の認識と「種」の認識

本決定は，Xに「身体に有害で違法な薬物類」との認識があったことを理由に，覚せい剤輸入罪等の故意を認めた。これは，「覚せい剤」という「種」の認識がなくても，「身体に有害で違法な薬物類」という「類」の認識があれば，覚せい剤輸入罪等の故意を認めてよいとしたものである。

ここで注意しなければならないのは，Xが覚せい剤の可能性を排除していなかったという点である。仮にXが「この粉末は決して覚せい剤ではなく，別の薬物である」と信じていたとすると，内容物が覚せい剤である可能性を否定していたことになるから，たとえ「身体に有害で違法な薬物類」という認識があったとしても，覚せい剤輸入罪等の故意は認められない。本決定が「覚せい剤を含む」とか，「覚せい剤かもしれないし」と述べているのも，そのような趣旨であろう。

Ⅱ．意味の認識

Xの故意の成否を検討するにあたっては，「意味の認識」という問題が重要となる。故意を認めるためには，自然的・外形的な事実の認識では足りず，その事実の意味を認識している必要がある（意味の認識）。そうでなければ，規範の問題に直面したとはいえず，故意犯としての重い非難を加えることができないからである。ただ，その認識の程度は，一般人が理解する程度の意味内容の認識（素人的認識）で足り，自分の行為が構成要件に該当することの法的な認識（専門家的認識）までは必要でない。

覚せい剤輸入罪等でいうと，一方で，単に「白い粉末である」とか，「禁制品である」といった認識だけで故意を認めることはできないが，他方，「覚せい剤」という薬物名や成分等の特徴まで認識している必要はない。「身体に有害で違法な薬物類」という程度の認識があれば，「意味の認識」があったといえるのである。

---

*2｜
最判昭和23・3・16刑集2巻3号227頁（百選Ⅰ-41）。

*3｜
「種」は，分類の際の下位概念，「類」は上位概念である。動物の分類でいうと，たとえば，犬という「種」は，ほ乳綱・ネコ目・イヌ科といった「類」に属する。

*4｜
殺人罪であれば，「人を殺してはいけない」，窃盗罪（235条）であれば，「他人の物を盗んではいけない」というように，刑法は，犯罪ごとにルール（これを「規範」という）を国民に示している。自分の行為の性質や結果などの事実を認識しているときには，こうしたルール（規範）を知りながらあえて犯罪行為を行ったといえる。このことを「規範の問題に直面した」と表現している。

*5｜
最大判昭和32・3・13刑集11巻3号997頁（百選Ⅰ-47，チャタレイ事件）。

23 故意(2)

たぬき・むじな事件

大審院大正14年6月9日判決（刑集4巻378頁）　▶百選Ⅰ-45

*1｜
十文字の斑点があることから、「十文字むじな」と呼ばれていた。

*2｜当時の条文
狩猟法1条「狩猟鳥獣以外の鳥獣は、之を捕獲することを得ず」。

*3｜現代語訳
「学問上の見地からすると、貉は狸と同一物であるとされるが、そのようなことは動物学上の知識を有する者であって初めて知ることができるものであり、逆に、狸、貉という名称は古来から並存しており、我が国の習俗でもこの二者を区別し、(そのことは)全く疑われていなかったところである」。

*4｜現代語訳
「法律上捕獲を禁止されている狸であるという認識が欠けていた被告に対しては、犯意（故意）を阻却するものとして、その行為を不問に付すことは、もちろん、当然である」。

事案をみてみよう

被告人Xは、狩猟法によって捕獲が禁止されていた「たぬき（狸）」を捕獲した。Xは、自分が捕獲したのは「たぬき」とは別の「むじな（貉）」*1という動物であると思っていたが、動物学上、「たぬき」と「むじな」は同一の動物であった。Xは、狩猟法違反*2の罪に問われた。

読み解きポイント

Xは、「たぬき」と「むじな」は別の動物であると誤信しており、自分の捕獲した動物が捕獲禁止の動物であるとは思っていなかった。このようなときに、狩猟法違反の罪の故意は認められるのだろうか。

判決文を読んでみよう

「被告人の狩猟法に於て捕獲を禁ずる狸中に俚俗に所謂貉をも包含することを意識せず。従て、十文字貉は禁止獣たる狸と別物なりとの信念の下に之を捕獲したるものなれば、狩猟法の禁止せる狸を捕獲するの認識を欠如したるや明かなり。蓋し<u>学問上の見地よりするときは、貉は狸と同一物なりとするも、斯の如きは動物学上の知識を有する者にして甫めて之を知ることを得べく、却て狸、貉の名称は古来並存し、我国の習俗亦此の二者を区別し、毫も怪まざる所なる</u>*3を以て、狩猟法中に於て狸なる名称中には貉をも包含することを明にし、国民をして適帰する所を知らしむるの注意を取るを当然とすべく、単に狸なる名称を掲げて其の内に当然貉を包含せしめ、我国古来の習俗上の観念に従い貉を以て狸と別物なりと思惟し、之を捕獲したる者に対し刑罰の制裁を以て之を臨むが如きは、決して其の当を得たるものと謂うを得ず。故に、本件の場合に於ては、<u>法律に捕獲を禁ずる狸なるの認識を欠缺したる被告に対しては、犯意を阻却するものとして其の行為を不問に付するは固より当然なり</u>*4」。

⬇ この判決が示したこと ⬇

「たぬき」と「むじな」は別の動物であるというのが当時の国民一般の理解であったことを前提とすると、「たぬき」ではなく「むじな」を捕獲したと信じていたときには、狩猟法違反の罪の故意は認められないことを示した。

解説

I．「たぬき・むじな」事件と「むささび・もま」事件

本件は，その事案の特徴から，「たぬき・むじな」事件と呼ばれているが，もう1件，常に本件と並んで取り上げられる事件がある。「むささび・もま」事件である。事件の内容は，被告人が，捕獲を禁止されている「むささび」を，それとは別の「もま」という動物であると思って捕獲したが，実際には「むささび」と「もま」は同じ動物であったというものである。この「むささび・もま」事件では，裁判所は，被告人に故意を認め，狩猟法違反の罪が成立するとした。

*5│
大判大正13・4・25刑集3巻364頁。

*6│

このように，2つの事件は，捕獲の禁止されている動物を別の動物であると思って捕獲した点で共通しているにもかかわらず，裁判所の判断は正反対であった。そこで，学説上は，①どちらの事件の被告人も，目の前にいるその動物を捕獲しようと思って捕獲したのであるから，故意を認めるべきであったとする見解，逆に，②どちらの事件の被告人も，捕獲禁止の動物を捕獲しているという認識を有していなかったので，故意を否定するべきであったとする見解も主張されている。

II．意味の認識

ただ，最近では，③裁判所の判断に矛盾はないとする見解が有力である。

［判例22］で学んだように，故意を認めるためには，事実の意味内容を認識していること（意味の認識）が必要であるが，その認識の程度は，一般人が理解する程度の意味内容の認識（素人的認識）で足り，自分の行為が構成要件に該当することの法的な認識（専門家的認識）までは必要でない。言い換えると，故意には，「一般人がそのような事実を認識すれば，自分の行為が違法であると認識できた」といえる程度の事実を認識していることが必要となる。

覚せい剤輸入罪では，「覚せい剤」という薬物名を認識していなくても，「身体に有害で違法な薬物類」という覚せい剤の特徴を認識していれば，覚せい剤であるという可能性を排除していない限り，意味の認識があったといえ，故意が認められる。これと同様に，「むささび」という動物名は認識していなくても，その動物の特徴（前足と後足の間に飛膜があり，木から木へと滑空するほ乳類であることなど）を知っていれば，一般人なら捕獲禁止の動物であるとの認識を持つことは可能であり，意味の認識はあったといえる。「むささび・もま」事件において故意が認められた理由は，そこにある。

一方，「たぬき・むじな」事件でも，Xは動物の特徴を認識していた。しかし，古来の習俗上，「たぬき」と「むじな」は別の動物とされており，当時の国民も一般にそのように理解していた。そのため，「むじな」という動物を認識したとしても，捕獲禁止の「たぬき」であるとの認識を持つことはできなかったのである。

このように，行為者が事実を認識していたとしても，意味の認識を妨げる特異な事情（「たぬき・むじな」事件では古来の習俗）があったときには故意が否定される。これに対し，「むささび・もま」事件では，「むささび」を「もま」と呼んでいたのは一地方にすぎず，意味の認識を妨げる特異な事情があったとまではいえなかったのである。

24 錯誤（1）

方法の錯誤

最高裁昭和53年7月28日判決（刑集32巻5号1068頁） ▶百選Ⅰ-42

事案をみてみよう

被告人Xは，巡査Aを殺害してAからけん銃を奪おうと決意し，路上において，建設用びょう打銃を改造した手製装薬銃を用いてびょうを発射させたところ，びょうは，Aの身体を貫通し，たまたまAの約30m右前方を通行中のBに命中した。その結果，Aは右側胸部貫通銃創を負い，Bは腹部貫通銃創を負ったが，Xは，Bの通行を予期していなかった。控訴審は，AとBに対する強盗殺人未遂罪の成立を認めた。*1

読み解きポイント

Xは，Aを殺害するつもりで手製装薬銃を撃ち，Aを殺害するに至らなかったのであるから，Aに対する殺人未遂罪（実際には強盗殺人未遂罪）が成立することは当然である。問題は，殺害するつもりのなかったBに傷害を負わせた行為である。Bに対する殺人の故意を認めれば，殺人未遂罪（実際には強盗殺人未遂罪）が成立するし，故意を否定すれば，せいぜい過失傷害罪（実際には強盗致傷罪）しか成立*3 しないことになる。そこで，Bに対しても故意が認められるかが問題となる。

判決文を読んでみよう

「犯罪の故意があるとするには，罪となるべき事実の認識を必要とするものであるが，犯人が認識した罪となるべき事実と現実に発生した事実とが必ずしも具体的に一致することを要するものではなく，両者が法定の範囲内において一致することをもって足りるものと解すべきである……から，人を殺す意思のもとに殺害行為に出た以上，犯人の認識しなかった人に対してその結果が発生した場合にも，右の結果について殺人の故意があるものというべきである。」

「被告人が人を殺害する意思のもとに手製装薬銃を発射して殺害行為に出た結果，被告人の意図した巡査Aに右側胸部貫通銃創を負わせたが殺害するに至らなかったのであるから，同巡査に対する殺人未遂罪が成立し，同時に，被告人の予期しなかった通行人Bに対し腹部貫通銃創の結果が発生し，かつ，右殺害行為とBの傷害の結果との間に因果関係が認められるから，同人に対する殺人未遂罪もまた成立し……，しかも，被告人の右殺人未遂の所為は同巡査に対する強盗の手段として行われたものであるから，強盗との結合犯として，被告人のAに対する所為についてはもちろんのこと，Bに対する所為についても強盗殺人未遂罪が成立するというべきである」。

*1
240条後段は，強盗犯人が人を死亡させる行為を処罰しており，そこには，強盗犯人が故意に人を殺害する「強盗殺人罪」と，強盗犯人が故意なく人を死亡させる「強盗致死罪」が含まれている。強盗殺人罪において殺害の点が未遂に終わったときには，強盗殺人未遂罪（243条）となる。また，240条前段は，強盗犯人が人を負傷させる行為を処罰しており，そこには，強盗犯人が故意に人を負傷させる「強盗傷人罪」と，強盗犯人が故意なく人を負傷させる「強盗致傷罪」が含まれている。

*2
Xは，Aからけん銃を奪おうとした強盗犯人であり，Aを殺害しようとして未遂に終わったので，Aに対する強盗殺人未遂罪が成立する。

*3
仮にBに対する殺人の故意を否定すると，強盗犯人であるXは故意なくBを負傷させたということになるから，強盗致傷罪が成立する。

十河太朗・豊田兼彦・松尾誠紀・森永真綱 著
『刑法総論判例 50！』（13921-3）補遺

2020 年 12 月

　本書刊行後，『刑法判例百選Ⅰ 総論〔第 8 版〕・Ⅱ 各論〔第 8 版〕』（有斐閣）が刊行されました。これに対応し，この補遺では，本書に収載・引用する判例に付記した『百選』の項目番号の変更をまとめました（判例年月日順。変更のあったもののみ）。「旧」は本書に記載の『刑法判例百選Ⅰ 総論〔第 7 版〕・Ⅱ 各論〔第 7 版〕』の項目番号を，「新」は上記改訂後の『百選』の項目番号を示しています（「－」は収載がないことを表します）。

判例	本書の項目番号	本書の頁	旧	新
最判昭和 25・7・11 刑集 4 巻 7 号 1261 頁		116 頁	百選Ⅰ-89	百選Ⅰ-91
最判昭和 32・11・19 刑集 11 巻 12 号 3073 頁	［判例 45］	126 頁	百選Ⅰ-92	百選Ⅰ-94
最決昭和 40・3・9 刑集 19 巻 2 号 69 頁		108 頁	百選Ⅰ-62	百選Ⅰ-61
最決昭和 45・7・28 刑集 24 巻 7 号 585 頁	［判例 35］	98 頁	百選Ⅰ-63	百選Ⅰ-62
最決昭和 52・7・21 刑集 31 巻 4 号 747 頁	［判例 14］	42 頁	百選Ⅰ-23	－
最決昭和 54・4・13 刑集 33 巻 3 号 179 頁	［判例 43］	122 頁	百選Ⅰ-90	百選Ⅰ-92
最決平成元・6・26 刑集 43 巻 6 号 567 頁		137 頁, 141 頁	百選Ⅰ-95	百選Ⅰ-96
東京高判平成 2・2・21 判タ 733 号 232 頁	［判例 41］	116 頁	百選Ⅰ-86	百選Ⅰ-88
東京地判平成 4・1・23 判時 1419 号 133 頁	［判例 44］	124 頁	百選Ⅰ-80	－
最判平成 4・6・5 刑集 46 巻 4 号 245 頁	［判例 46］	43 頁, 128 頁	百選Ⅰ-88	百選Ⅰ-90
最判平成 6・12・6 刑集 48 巻 8 号 509 頁	［判例 47］	132 頁	百選Ⅰ-96	百選Ⅰ-98
札幌高判平成 12・3・16 判タ 1044 号 263 頁	［判例 48］	134 頁	百選Ⅰ-83	百選Ⅰ-85
東京地判平成 13・3・28 判タ 1076 号 96 頁		92 頁	百選Ⅰ-55	－

最決平成 17・11・15 刑集 59 巻 9 号 1558 頁		92 頁	百選 I -57	百選 I -55
最決平成 21・6・30 刑集 63 巻 5 号 475 頁	［判例 49］	136 頁	百選 I -94	百選 I -97
最決平成 24・11・6 刑集 66 巻 11 号 1281 頁	［判例 50］	116 頁, 138 頁	百選 I -82	百選 I -81
東京高判平成 24・12・18 判タ 1408 号 284 頁		59 頁	－	百選 I -31
最決平成 28・7・12 刑集 70 巻 6 号 411 頁		125 頁	－	百選 I -79

> **↓ この判決が示したこと ↓**
>
> 人を殺害する意思で殺害行為に出た以上，予想外の人にその行為の結果が生じたとしても，その結果について殺人の故意が認められること，および，1人の人しか殺害する意思がなくても2個の殺人（未遂）罪が成立しうることを示した。

 解説

I．方法の錯誤

仮にXがAに手製装薬銃を撃つ際に，「Bを死亡させるかもしれないが，それでもかまわない」と思っていたとすると，殺人の未必の故意が認められるから，Bに対する強盗殺人未遂罪が成立する。しかし，Xには，Bに対する未必の故意はなかった。

そこで，錯誤が問題となる。本件は，ねらっていた客体とは別の客体に結果が生じたという「方法の錯誤」の事案である。方法の錯誤の場合に，認識していなかった客体に対する故意を認めるかどうかをめぐっては，具体的符合説と法定的符合説が対立するが，判例は，法定的符合説を採用している。

II．法定的符合説

1 ▶▶ 認識していなかった客体に対する故意

法定的符合説とは，認識した事実と実現した事実とが同一の構成要件に属する限り，実現した事実について故意を認める見解である。たとえば，Aを殺害する意思でピストルを撃ち，Aだけでなく予想外のBも死亡させたときには，認識した事実と実現した事実とはいずれも殺人であり，両者は同一構成要件に属するから，Bに対する故意が認められ，Aに対する殺人罪とともにBに対する殺人罪も成立する。本判決も，法定的符合説の立場から，AとBに対する強盗殺人未遂罪の成立を認めた。

そもそも故意犯が過失犯より重く処罰される根拠は，犯罪事実を認識し，規範（ルール）の問題が与えられているのに，あえて違法行為を決意したところにあるが，たとえば，199条が与えているのは，「Aを殺してはいけない」といった個別的な規範ではなく，「およそ人を殺してはいけない」という抽象化された規範である。そうだとすると，AとかBといった個々の法益主体の違いは重要ではなく，むしろ，およそ人の死を認識した以上，「人を殺してはいけない」という規範に直面したといえ，異なる客体に結果が生じたとしても故意を認めてよいのである。

2 ▶▶ 故意の個数

このように，法定的符合説によると，1人の人しか殺害する意思がなくても2個の殺人罪が成立することになる。そこで，そのような結論は行為者に不当に重い責任を負わせることになるという批判もある。

しかし，この場合は，1個の行為が同時に2個の殺人罪に該当する観念的競合にあたるから，結局は殺人罪の法定刑の範囲で処罰され，刑が加重されるわけではない。そのため，上記の結論は不当ではないという反論が法定的符合説からなされている。

*4 ｜
［判例22］解説参照。

*5 ｜
Xの認識していた事実は殺人罪，実際に発生した事実も殺人罪であるから，これは具体的事実の錯誤の事例である。具体的事実の錯誤にはいくつかの類型があり，方法の錯誤はそのひとつである。

*6 ｜
これに対し，認識した事実と実現した事実とが具体的に一致しない限り，実現した事実について故意は認められないとする具体的符合説によると，Aに対する殺人罪は成立するが，Bに対する殺人の故意は認められず，過失の要件を満たす限りで過失致死罪（210条）が成立するにすぎない。

*7 ｜
1個の行為が2個以上の罪名に触れる場合を観念的競合といい，「その最も重い刑により処断する」（54条1項）。これは，法定刑の上限，下限ともに重いほうを選択するという趣旨である。殺人罪の法定刑の上限は死刑，下限は5年の懲役であるから，2個の殺人罪が観念的競合となる場合は，やはり死刑から5年以上の懲役の範囲で処罰されることになる。

25 錯誤（2） 覚せい剤所持とコカイン所持

最高裁昭和61年6月9日決定（刑集40巻4号269頁） ▶百選Ⅰ-43

事案をみてみよう

被告人Xは，覚せい剤であるフェニルメチルアミノプロパン塩酸塩を含有する粉末0.044gを所持したが，X自身はその薬物が覚せい剤ではなくコカイン（麻薬の一種）であると誤信していた。

読み解きポイント

覚せい剤所持罪は覚せい剤取締法に，麻薬所持罪（コカインの所持）は麻薬取締法にそれぞれ規定されており，両罪は構成要件として異なっている。また，覚せい剤所持罪は，麻薬所持罪より法定刑が重い。つまり，Xは，軽い麻薬所持罪の意思で重い覚せい剤所持罪を行ったことになる。このようなときに，覚せい剤所持罪や麻薬所持罪の成立は認められるのだろうか。

決定文を読んでみよう

「被告人は，……麻薬所持罪を犯す意思で，……覚せい剤所持罪に当たる事実を実現したことになるが，両罪は，その目的物が麻薬か覚せい剤かの差異があり，後者につき前者に比し重い刑が定められているだけで，その余の犯罪構成要件要素は同一であるところ，麻薬と覚せい剤との類似性にかんがみると，この場合，両罪の構成要件は，軽い前者の罪の限度において，実質的に重なり合っているものと解するのが相当である。<u>被告人には，所持にかかる薬物が覚せい剤であるという重い罪となるべき事実の認識がないから，覚せい剤所持罪の故意を欠くものとして同罪の成立は認められないが，両罪の構成要件が実質的に重なり合う限度で軽い麻薬所持罪の故意が成立し同罪が成立する</u>ものと解すべきである」。

⇩ この決定が示したこと ⇩

軽い罪を実現する意思で重い罪にあたる事実を実現した場合に，両罪の構成要件が実質的に重なり合うときには，軽い罪の限度で故意犯の成立が認められることを示した。

*1
当時の覚せい剤取締法14条1項は，「覚せい剤製造業者……の外は，何人も，覚せい剤を所持してはならない」，同法41条の2第1項1号は，「次の各号の一に該当する者は，10年以下の懲役に処する。一 第14条第1項（所持の禁止）の規定に違反した者」と規定していた。

*2
当時の麻薬取締法（現在の麻薬及び向精神薬取締法）28条1項は，「麻薬取扱者……でなければ，麻薬を所持してはならない」，同法66条1項は，「……第28条第1項……の規定に違反した者は，7年以下の懲役に処する」と規定していた。

解説

Ⅰ. 異なる構成要件間の錯誤の取扱い

1 ▸▸ 原則

［判例 24］で学んだように，判例は，法定的符合説に立ち，認識した事実と実現した事実とが同一の構成要件に属する限り，故意犯が成立するとしている。逆にいうと，認識した事実と実現した事実とが異なる構成要件に属するときには，原則として故意犯の成立は否定される。たとえば，傷害罪（204 条）の意思で器物損壊罪（261 条）を実現したときには，両罪の構成要件は異なるから，どちらの罪も成立しない。

2 ▸▸ 例外

もっとも，認識した事実と実現した事実とが異なる構成要件に属するとしても，両罪の構成要件が実質的に重なり合う場合には，その重なり合う限度では規範に直面したといえるから，構成要件を故意に実現したと評価してよい。たとえば，強盗罪（236 条 1 項）と恐喝罪（249 条 1 項）は，その手段が被害者の反抗を抑圧するに足る程度の暴行・脅迫か，それに至らない程度の暴行・脅迫かという違いはあるものの，両罪の構成要件は，「暴行・脅迫を手段とした財物の占有移転」という点で実質的に重なり合っている。そうだとすると，恐喝罪の認識で強盗罪を実現した場合には，両罪の重なり合う限度，つまり軽い恐喝罪の限度では故意に構成要件を実現したといえる。

このようにして，異なる構成要件間の錯誤において両罪の構成要件が実質的に重なり合うときには，重なり合う限度，つまり軽い罪の限度で故意犯の成立が認められる。

3 ▸▸ 構成要件の重なり合いの判断基準

構成要件が実質的に重なり合うかどうかは，保護法益と行為態様の共通性を基準として判断される。傷害罪と器物損壊罪は，保護法益が異なるから，重なり合いが認められないが，強盗罪と恐喝罪は，財物の占有を保護法益とし，暴行・脅迫を手段とした財物の占有移転という点で行為態様も共通しているから，実質的に重なり合う。

Ⅱ. 軽い罪の認識で重い罪を実現した場合の取扱い

異なる構成要件間の錯誤には，①軽い罪の認識で重い罪を実現した場合，②重い罪の認識で軽い罪を実現した場合，③認識した罪と実現した罪とが同じ法定刑である場合という 3 つの類型がある。X は，軽い麻薬所持罪を犯す意思で重い覚せい剤所持罪にあたる事実を実現したのであるから，本件は①の類型に該当する。

①の類型については，38 条 2 項[*3]が規定されている。これは，重い罪の故意がない以上，責任主義[*4]の観点から，重い罪の成立は認められないことを定めた規定である。したがって，X に重い覚せい剤所持罪が成立することはない。

それでは，軽い麻薬所持罪はどうか。X には麻薬所持罪の故意はあるが，麻薬の所持という事実は客観的には存在しない。しかし，両罪は，いずれも保健衛生を保護法益とし，また，身体に有害な依存性のある薬物の所持という点で行為態様も共通しているから，その構成要件は実質的に重なり合っており，法的には麻薬の所持の事実が存在したと評価してよい。したがって，X には麻薬所持罪が成立する。

---

*3 | 38 条 2 項

「重い罪に当たるべき行為をしたのに，行為の時にその重い罪に当たることとなる事実を知らなかった者は，その重い罪によって処断することはできない。」

*4 | 責任主義

違法な行為が行われたとしても，行為者を非難することができなければ処罰することはできない。このような原則を責任主義という。

26 違法性の意識

サービス券事件

最高裁昭和62年7月16日決定（刑集41巻5号237頁） ▶百選Ⅰ-48

🔍 事案をみてみよう

被告人Xは，自己の経営する飲食店の宣伝に使うため，百円紙幣に似たサービス券を作成しようと思い，警察署において知り合いの警察官らに相談したところ，その警察官らから通貨及証券模造取締法に違反する可能性があることを告げられ，サービス券の寸法を真券より大きくすればよいなどと助言された。しかし，Xは，警察官らの態度が好意的であったことなどから，その助言に従わずに，百円紙幣によく似た外観のサービス券を作成した。被告人Yも，Xの話を信頼して，独自の調査検討をすることなく，類似のサービス券を作成した。

第1審と控訴審は，XとYに通貨及証券模造取締法違反の罪の成立を認めた。[*1]

> ### ✓ 読み解きポイント
>
> XとYが作成したサービス券は，百円紙幣と紛らわしい外観を有しており，XとYの行為は，客観的には通貨及証券模造取締法に違反するものであった。しかし，XとYは，自分の行為は違法ではないと思っていた，つまり，違法性の意識がなかった。そこで，違法性の意識を欠いた場合や，違法性の意識を欠いたことに相当な理由があった場合にも，故意や責任が認められるのかが問題となった。

📖 決定文を読んでみよう

XとYが行為の「各違法性の意識を欠いていたとしても，それにつきいずれも相当の理由がある場合には当たらないとした原判決の判断は，これを是認することができるから，この際，行為の違法性の意識を欠くにつき相当の理由があれば犯罪は成立しないとの見解の採否についての立ち入った検討をまつまでもなく，本件各行為を有罪とした原判決の結論に誤りはない」。

> ### ⇩ この決定が示したこと ⇩
>
> 被告人が違法性の意識を欠いたことに相当な理由はなかった以上，故意犯は成立するとした。ただし，違法性の意識を欠いたことについて相当な理由があった場合に故意犯の成立が否定されるかどうかという点については直接の判断を示さなかった。

*1
通貨及証券模造取締法1条は，「貨幣，政府発行紙幣，銀行紙幣，兌換銀行券，国債証券及地方債証券に紛わしき外観を有するものを製造し又は販売することを得ず」と規定している。刑法148条1項には通貨偽造罪が規定されているが，通貨偽造罪は，一般人が本物の通貨であると誤信する程度の外観を備えている物を作成した場合に成立する。これに対し，その程度に至らない外観の物を作成したにすぎないときに成立するのが，通貨及証券模造取締法1条の罪である。

解説

I. 通説
1 ▶▶ 違法性の意識と故意
　故意が認められるためには，犯罪事実を認識・認容していれば足り，自分の行為が違法であることの認識（違法性の意識）はなくてもよいというのが，通説である。たとえば，殺人罪でいうと，行為者が「自己の行為によって他人の生命が侵害される」という事実を認識・認容していれば故意は認められ，仮に「自分の行為は法律上違法ではない」と思い込んでいたとしても，殺人罪の故意が否定されることはない。

　本件のXとYには，「百円紙幣によく似た外観のサービス券を作成する」という事実の認識・認容はあったのであるから，たとえ「そのような行為は違法ではない」と思っていたとしても，それだけで故意が否定されるわけではない。

2 ▶▶ 違法性の意識を欠いたことについての相当な理由
　ただし，自分の行為が違法でないと思ってもやむを得なかった場合，つまり，違法性の意識を欠いたことに相当な理由があった場合には，行為者を非難することができないから，故意犯の成立が否定されると解されている。[*2]

　違法性の意識を欠いたことに相当な理由があったとされる典型例は，判決や公的機関の見解を信用した場合である。たとえば，公正取引委員会の回答を信頼して「自分の行為は違法ではない」と思ったときは，そう思ってもやむを得ないから，責任が否定される。[*3] これに対し，弁護士などの私人の意見を信頼して「自分の行為は違法でない」と思ったとしても，原則として相当な理由があったとはいえないであろう。私人の意見は正しいとは限らないからである。

　本件では，Xは警察官の助言に従っておらず，違法性の意識を欠いたことに相当な理由があるとはいいがたい。Yも，私人であるXの話を信頼したにすぎないから，違法性の意識を欠いたことに相当な理由があったとはいえない。

II. 判例
　判例は，通説と同じく，故意の成立には犯罪事実の認識・認容があれば足り，違法性の意識は不要であると解している。ただ，判例は，違法性の意識を欠いたことに相当な理由があったかどうかを問わず，故意犯が成立するという立場をとってきた。[*4]

　この立場からすると，犯罪事実の認識・認容さえあれば，たとえ違法性の意識を欠いたことに相当な理由があったとしても，故意や責任が阻却される余地はなく，故意犯は成立しうる。仮にそうだとすれば，本件においても，XとYを有罪とするためには，XとYに犯罪事実の認識・認容があったことを示せば足りるのであって，XとYが違法性の意識を欠いたことに相当な理由がなかった点に言及する必要はなかったはずである。それにもかかわらず，本決定があえてその点に言及した上で，「違法性の意識を欠くにつき相当の理由があれば犯罪は成立しないとの見解の採否についての立ち入った検討をまつまでもなく」有罪であるとしたのは，将来的には判例を変更して，通説と同様の見解を採用する可能性があることを示したものとも考えられる。

[*2] 学説の中には，違法性の意識を欠いたことに相当な理由があったときに，①故意そのものが否定されるとする見解（制限故意説）と，②故意は認めながら，責任が阻却されるとする見解（責任説）とが存在する。

[*3] 東京高判昭和55・9・26高刑集33巻5号359頁。

[*4] 最判昭和35・9・9刑集14巻11号1477頁。ただし，その後の下級審の裁判例は，違法性の意識を欠いたことに相当な理由があったかどうかを考慮して故意犯の成否を判断する傾向にある（前掲東京高判昭和55・9・26，大阪高判平成21・1・20判タ1300号302頁など）。

Chapter IV 責任

2

Introduction

Contents
- IV-1 故意・錯誤・違法性の意識
- ココ! IV-2 過失
- IV-3 責任能力と原因において自由な行為

過失

「犯罪」といわれて真っ先に思い浮かべるのは，どんな犯罪だろう。殺人罪（199条），窃盗罪（235条），強盗罪（236条1項）などを思い浮かべた人が多いかもしれない。これらの犯罪は，どれも故意に利益を侵害する故意犯だ。実際，IV-1で学んだように，犯罪が成立するためには原則として故意が必要とされている。

しかし，犯罪には故意犯だけでなく過失犯もある。過失犯というのは，失火罪（116条）や過失致死罪（210条）のように，故意ではなく不注意で利益を侵害する罪のことだ。

たしかに，過失犯の処罰は例外にすぎないし，過失犯には故意犯より軽い刑が定められている。しかし，実際には，過失犯の重要性はとても大きい。統計をみると，例年，過失運転致死傷罪（自動車運転致死傷5条）が犯罪の認知件数全体の約30％（窃盗罪に次いで2位）を占めるなど，過失犯の発生件数はとても多いことがわかる。それに，大規模火災や公害事件のように，故意犯より過失犯のほうが大きな被害が発生することも多い。

それでは，過失はどのような場合に認められるのだろうか。以下では，この点について考えてみよう。

（故意）
38条　①　罪を犯す意思がない行為は，罰しない。ただし，法律に特別の規定がある場合は，この限りでない。

1. 例外としての過失犯処罰

38条1項は，原則として故意がある場合に限って処罰することとしている。しかし，同項にはただし書があり，「法律に特別の規定がある場合は，この限りでない。」とする。つまり，特別の規定があれば，故意がなくても処罰されうるのである。たとえば，210条は，「過失により人を死亡させた者」を過失致死罪として処罰することとしており，このような規定が，38条1項ただし書にいう「特別の規定」にあたる。

過失は，不注意によって利益を侵害したことに対して非難を加えるものであるから[*1]，責任に関係する要素である。ただし，過失の場合は，犯罪事実の認識・認容がないので，故意の場合より弱い非難が向けられるにすぎない。そのため，過失犯には故意犯より軽い刑が定められている。また，過失犯の処罰は，比較的重大な法益を侵害する場合に限られている。[*2]

[*1] 過失の種類

過失の種類としては，過失致死罪における「過失」のような一般の過失のほか，業務上過失致死傷罪（211条前段）などにおける「業務上の過失」，重過失致死傷罪（211条後段）などにおける「重過失」がある。業務上の過失とは，人の生命・身体に危害を加えるおそれのある行為等を反復継続して行う者が高度の注意義務を課されている場合の過失をいう。重過失とは，わずかな注意で結果が予見でき，かつ，結果の発生を容易に回避しうる場合の過失をいう。

2. 過失犯の構成要件

過失犯が成立するかどうかを判断するときに過失の要素をどの段階でどのように判断するかについてはさまざまな見解が主張されているが、多数説の考え方をまとめると、以下のようになるであろう。

1でみたように、過失は責任に関係する要素であるが、故意の場合と同様に、過失の有無は、責任阻却（そきゃく）の段階ではなく構成要件該当性の段階で判断される。過失があるかどうかは、失火罪や過失致死罪といった罪名自体に影響するからである。

ただ、構成要件の中での位置づけは、故意と過失の間で違いがある。つまり、故意犯の構成要件該当性は、一般に、①実行行為、②結果、③因果関係、そして、④故意（①から③の事実の認識・認容）という順序で判断されるが、これに対し、過失犯の構成要件該当性は、過失を実行行為と一体としてとらえ、①実行行為（過失）、②結果、③因果関係という3つの要素だけで判断されるのである。

たしかに、故意と過失が対応する要素であると考えれば、「故意＝結果発生を予見していること」、その裏返しとして、「過失＝結果発生を予見できたのに予見しなかったこと（予見義務違反）」となり、過失犯の構成要件該当性も、①実行行為、②結果、③因果関係、④過失（①から③の事実の予見可能性と予見義務違反）という順序で判断するということになりそうである。しかし、過失犯が成立するかどうかを予見義務違反の有無だけで判断すると、過失犯の成立範囲が広くなりすぎるおそれがある。たとえば、交通事故は毎日のように起きているから、自動車を運転するときは死傷の結果発生の可能性を予見しようと思えば常に予見できるともいえる。そのため、予見義務違反だけで過失犯の成立を認めると、交通事故が起きれば必ず（たとえ交通規則を守っていたとしても）過失犯が成立することになりかねない。

そこで、予見義務違反に加えて結果回避義務違反も過失の要件であるとする見解が、現在、学説の多数を占めており、判例も同様の理解に立っている［→判例27］。結果回避義務違反とは、結果回避が可能であり、かつ回避すべきであったのに結果回避のための適切な措置を講じなかったことをいう。そして、適切な措置を講じていない行為は、死傷等の結果が発生する危険性を有する行為といえるから、それは実行行為そのものということになる。そこで、過失犯の構成要件該当性は、一般に、①実行行為（過失＝予見義務違反＋結果回避義務違反）、②結果、③因果関係という順序で判断されているのである。

3. 過失の有無が問題となる場面

実際の事案では、過失の要件のうち予見可能性の有無が争点となることが多い。具体的には、どの程度の予見可能性が必要か、どの範囲の事実についての予見可能性が必要かなどが問題となる［→判例28、判例29］。

また、何らかの事故が起きたときには、複数の人のミスが重なっていることが少なくない。そこで、他人の不注意や不適切な行動が原因となって結果が発生した場合に過失犯の成立は認められるのかという点も、しばしば問題となる。信頼の原則［→判例28、判例30］や、管理・監督過失［→判例31］は、その一例である。

---

*2｜過失犯の処罰規定

刑法において過失犯を処罰する規定は、116条（失火罪）、117条2項（過失激発物破裂罪）、117条の2（業務上・重過失失火罪、業務上・重過失激発物破裂罪）、122条（過失建造物等浸害罪）、129条（過失往来危険罪・業務上過失往来危険罪）、209条（過失傷害罪）、210条（過失致死罪）、211条（業務上・重過失致死傷罪）の8か条にすぎない。なお、以前は、211条2項に自動車運転過失致死傷罪が規定されていたが、現在では削除され、自動車の運転により人を死傷させる行為等の処罰に関する法律5条に過失運転致死傷罪として規定されている。

*3｜結果犯

ここでは、何らかの結果の発生が成立要件とされる犯罪、すなわち結果犯を前提としている。たとえば、殺人罪は死亡の結果発生、傷害罪（204条）は傷害の結果発生を成立要件とする結果犯である。

27 過失犯の基本構造

弥彦神社事件

最高裁昭和42年5月25日決定（刑集21巻4号584頁）

事案をみてみよう

弥彦神社の職員である被告人Xらは，昭和30年12月31日から翌年元旦にかけて二年詣りと呼ばれる行事を企画施行し，その行事の一環として午前0時の花火を合図に拝殿前の斎庭で餅まきを行ったが，その際，神社から出ようとする群衆と，神社に入ろうとする群衆とが，神社の門の付近で接触し，いわゆる滞留現象が起きた。その結果，折り重なって転倒する者が続出し，窒息死等により124名が死亡した。

> ### 読み解きポイント
>
> Xらは過失致死罪（210条）[*1]で起訴されたが，本件のように甚大な結果が発生した場合であっても，もし行為者に過失がなければ，過失致死罪で処罰することはできない。ただ，過失の具体的な内容は，条文を読んだだけではわからない。それでは，過失があったかどうかはどのように判断すればよいのだろうか。

*1｜過失致死罪（210条）
「過失により人を死亡させた者は，50万円〔本件当時は1000円〕以下の罰金に処する。」

決定文を読んでみよう

「二年詣りの行事は，当地域における著名な行事とされていて，年ごとに参拝者の数が増加し，現に前年〔昭和30年元旦〕実施した餅まきのさいには，多数の参拝者がひしめき合って混乱を生じた事実も存するのであるから，原判決認定にかかる時間的かつ地形的状況のもとで餅まき等の催しを計画実施する者として，(1)参拝のための多数の群集の参集と，これを放置した場合の災害の発生とを予測することは，一般の常識として可能なことであり，また当然これらのことを予測すべきであったといわなければならない。したがって，……かかる災害の発生に関する予見の可能性とこれを予見すべき義務とを，被告人らについて肯定した原判決の判断は正当なものというべきである。そして，右予見の可能性と予見の義務とが認められる以上，被告人らとしては，(2)あらかじめ，相当数の警備員を配置し，参拝者の一方交通を行なう等雑踏整理の手段を講ずるとともに，右餅まきの催しを実施するにあたっては，その時刻，場所，方法等について配慮し，その終了後参拝者を安全に分散退出させるべく誘導する等事故の発生を未然に防止するための措置をとるべき注意義務を有し，かつこれらの措置をとることが被告人らとして可能であった」。「(3)それにもかかわらず，被告人らが，参集する参拝者の安全確保について深い関心を寄せることなく，漫然餅まきの催しを行ない，雑踏の整理，参拝者の誘導等について適切な具体的手段を講ずることを

怠り，そのために本件のごとく多数の死者を生ずる結果を招来したものである」。

⬇ **この決定が示したこと** ⬇

過失の内容が予見義務違反と結果回避義務違反であることを前提として，Xらの行為がなぜ過失にあたるのかを具体的に示した。

解説

Ⅰ．過失犯の成立要件

故意犯の場合，結果犯の構成要件該当性は，①実行行為，②結果，③実行行為と結果との因果関係の順序で判断される。こうした判断枠組み自体は，過失犯の場合も同じである。ただ，過失犯においては，実行行為の判断方法が故意犯と異なっていることに注意する必要がある。

過失犯の実行行為とは，注意義務に違反する行為である。この注意義務は，予見義務と結果回避義務から成り立っている。

予見義務とは，結果発生を予見すべき義務をいう。ただ，そもそも結果発生が予見できなければ，予見すべき義務を課すこともできないから，予見義務の前提として，予見可能性が必要となる。一方，結果回避義務とは，結果発生のために必要かつ適切な措置を講ずべき義務をいうが，行為当時の具体的な状況の下で行為者がそのような措置を講じることが不可能であったときや，そのような措置を講じたとしても結果発生を回避することが不可能であったときには，やはり行為者に結果回避義務を課すことはできないから，結果回避義務の前提として，結果回避可能性が必要となる。

このようにして，注意義務の内容は，予見可能性を前提とした予見義務，および，結果回避可能性を前提とした結果回避義務であり，この両方の義務に違反した行為が過失犯の実行行為であるということになる。この点を明確に述べたのが本決定であり，その決定文は，過失犯の成否の判断方法を知る上で参考になる。

Ⅱ．過失犯の実行行為性の判断方法

まず，予見義務については，行為当時のさまざまな具体的事実をもとに予見可能性があったかどうかを判断する必要がある。本決定も，前年の餅まきにおける混乱状態や当時の時間的・地形的状況といった具体的事実を指摘した上で，予見可能性と予見義務を肯定している（Point-1）。

次に，結果回避義務に関しては，「どのような措置をとっていれば結果発生が避けられたのか」という観点から，義務の内容を具体的に特定することが重要である。本決定も，警備員の配置や一方通行を内容とする雑踏整理や，参拝者を分散退出させるための誘導など，Xらに求められる結果回避義務の内容を具体的に提示している（Point-2）。そして，こうした義務に違反する行為が過失犯の実行行為ということになるのである（Point-3）。

＊2｜結果犯
単に行為だけでなく，何らかの結果の発生が成立要件とされる犯罪。

＊3｜過失犯の
　　成立要件
　　（結果犯の場合）
①実行行為
　（注意義務違反）
　　予見可能性を前提
　　とした予見義務の
　　違反
　　　＋
　　結果回避可能性を
　　前提とした結果回
　　避義務の違反
②結果
③実行行為と結果との
　因果関係

28 予見可能性の対象・程度

北大電気メス事件

札幌高裁昭和51年3月18日判決（高刑集29巻1号78頁） ▶百選Ⅰ-51

*1｜電気メス
高周波電流を用いて切開したり凝固・止血する手術器械。少ない出血で手術ができる（大辞林より）。

*2｜
過失犯の成立要件については，[判例27]参照。

*3｜
なお，Yについては，因果関係の予見可能性が争われたが，この点は[判例29]で検討する。

事案をみてみよう

被告人X（執刀医），被告人Y（看護師）ら9名から構成される医療チームが電気メス*1を使用して患者Aに対する手術を行った際，Yが電気メスのケーブルの接続を誤ったために，Aの身体に流入する電流の状態に異常をきたし，Aは右脚のひざから下を切断する重傷を負った。XとYは，業務上過失致傷罪（211条前段）で起訴された。

✓ 読み解きポイント

Aの傷害はYが電気メスのケーブルを誤接続したことによって生じたものであるが，Xも執刀医として過失責任を負うのかが問題となった。Xは誤接続による傷害の発生を予見することが可能であったか，Yの適切な行動を信頼することが相当であったかが争点である。

📖 判決文を読んでみよう

「(1)結果発生の予見とは，内容の特定しない一般的・抽象的な危惧感ないし不安感を抱く程度では足りず，特定の構成要件的結果及びその結果の発生に至る因果関係の基本的部分の予見を意味するものと解すべきである。」

「(2)執刀医である被告人Xにとって，……ケーブルの誤接続のありうることについて具体的認識を欠いたことなどのため，右誤接続に起因する傷害事故発生の予見可能性が必ずしも高度のものではなく，手術開始直前に，(3)ベテランの看護婦である被告人Yを信頼し接続の正否を点検しなかったことが当時の具体的状況のもとで無理からぬものであったことにかんがみれば，被告人Xがケーブルの誤接続による傷害事故発生を予見してこれを回避すべくケーブル接続の点検をする措置をとらなかったことをとらえ，執刀医として通常用いるべき注意義務の違反があったものということはできない。」「業務上過失傷害罪における過失にはあたらない」。

⇩ この判決が示したこと ⇩

過失犯の成立に必要な予見可能性は，内容の特定しない一般的・抽象的な危惧感ないし不安感を抱く可能性では足りず，特定の構成要件的結果およびその結果の発生に至る因果関係の基本的部分の予見可能性を意味することを示した。

解説

Ⅰ. 予見可能性の程度

1 ▶▶ 抽象的予見可能性説

予見可能性の程度について，以前は，結果発生に対する漠然とした危惧感（不安）を抱く可能性，すなわち抽象的予見可能性で足りるとする見解（抽象的予見可能性説または危惧感説）が有力に主張され，これを採用する裁判例も存在した。[*4]

しかし，これに対しては，過失犯の成立範囲が広がりすぎるおそれがあるとの批判が強い。「自動車を運転すれば何か事故が起きるかもしれない」といった漠然とした不安は誰でも抱くものであるから，このような漠然とした不安を根拠に予見可能性を認めると，事故が起きれば常に過失犯が成立することになりかねないからである。

2 ▶▶ 具体的予見可能性説

そこで，現在の通説は，予見可能性は具体的なものでなければならないとして，具体的予見可能性を要求している（具体的予見可能性説）。これによると，「前の自動車との車間距離をとらずにこのような高速度で自動車を走行させれば，前の自動車と衝突して車内の人等に死傷の結果が生じるかもしれない」といった程度の具体的な予見可能性が必要となる。

本判決も，抽象的予見可能性説を明確に否定し，具体的予見可能性説に立つことを明言した（Point-1）。本判決以降，判例は，具体的予見可能性説を採用している。

このような立場を前提として，本判決は，Xはケーブルの誤接続のありうることについて具体的認識を欠いていたことなどから，誤接続による傷害事故発生の予見可能性は必ずしも高度のものではなかったとした（Point-2）。

Ⅱ. チーム医療と信頼の原則

もっとも，Xの「予見可能性が必ずしも高度のものではな」いということは，低いながらも予見可能性はあったということになる（実際，Yは業務上過失致傷罪で有罪となっている）。それにもかかわらず，なぜXの過失が否定されたのであろうか。その根拠は，信頼の原則にある。

信頼の原則とは，他人の適切な行動を信頼するのが相当な場合，その他人の不適切な行動により結果が生じたとしても過失犯は成立しないとする考え方をいう。[判例30]で学ぶように，信頼の原則は，交通事犯のように，信頼する側と信頼される側とが向き合った関係にある対向型の場合にしばしば問題となるが，それだけでなく，本件のように，組織内において複数の者が互いの適切な行動を信頼して共同作業や分業を行う組織型の場合にも適用される。

本判決は，ケーブルの接続は看護師が分担する作業であり，Yはベテランの看護師であったこと，ケーブルの接続は医師の指示を必要としない単純作業であったこと，医師は手術に集中する必要があることなどから，Xが，Yの適切な行動を信頼してケーブルの接続を点検しなかったのは，無理からぬことであったとして，信頼の原則を適用し，Xの過失を否定した（Point-3）。

*4｜
高松高判昭和41・3・31
高刑集19巻2号136頁
（森永ドライミルク事件）。

29 予見可能性の対象としての因果関係

生駒トンネル火災事件

最高裁平成12年12月20日決定（刑集54巻9号1095頁）　▶百選 I -53

事案をみてみよう

　被告人Xは，特別高圧電力ケーブルや分岐接続器の接続工事の施工資格を有する者として，鉄道のトンネル内における電力ケーブルの接続工事にあたった際，ケーブルに特別高圧電流が流れる場合に発生する誘起電流を大地に流すための大小2種類の接地銅板を分岐接続器に取りつける必要があったにもかかわらず，そのうちの1種類の接地銅板を取りつけるのを怠った。これにより，誘起電流が，大地に流されずに，本来流れるべきでない分岐接続器本体の半導電層部に流れて炭化導電路を形成し，長期間にわたりその部分に集中して流れ続けたことにより，半導電層部が炎上して電力ケーブルの外装部に燃え移り，トンネル内に濃煙と有毒ガスがまん延した。その結果，トンネル内に進入してきた列車が停止するに至り，列車の乗客および乗務員のうち，1名が死亡し，42名が傷害を負った。

　Xは，業務上失火罪（117条の2）と業務上過失致死傷罪（211条前段）で起訴されたが，第1審は，炭化導電路の形成による火災の発生という因果経過の基本的部分についての予見可能性がなかったとして，Xに無罪を言い渡した。これに対し，控訴審は，半導電層部に誘起電流が流れてその部分が発熱し発火に至ることは予見できたとして，Xを有罪とした。

✓ 読み解きポイント

　本件は，接地銅板の取りつけ忘れ ⇒ 分岐接続器本体の半導電層部への誘起電流の流れ ⇒ 接続器における炭化導電路の形成 ⇒ 火災の発生 ⇒ 被害者の死傷という因果経過をたどった。しかし，そのうちの「炭化導電路の形成」という現象は，Xのように接続工事の施工資格を有する者でも予見することができないものであった。そこで，過失の要件である予見可能性[*1]が認められるかが争われた。

*1
［判例27］の解説 I 参照。

決定文を読んでみよう

　「被告人は，右のような炭化導電路が形成されるという経過を具体的に予見することはできなかったとしても，右誘起電流が大地に流されずに本来流れるべきでない部分に長期間にわたり流れ続けることによって火災の発生に至る可能性があることを予見することはできたものというべきである。したがって，本件火災発生の予見可能性を認めた原判決は，相当である。」

> ⬇ **この決定が示したこと** ⬇
>
> 　現実の因果経過を具体的に予見することができなくても,「誘起電流が大地に流されずに本来流れるべきでない部分に長期間にわたり集中して流れ続けることにより火災の発生に至る可能性」という程度に抽象化された因果経過が予見できれば,予見可能性が肯定されることを示した。

 解説

Ⅰ. 因果関係の予見可能性の必要性

　一般に,故意の成立には,構成要件的行為,結果,因果関係という客観的構成要件要素の認識が必要であるとされている。これに対応して,過失犯における予見可能性を認めるためには,行為,結果のほか,因果関係についても予見可能であることが必要となる。それでは,因果関係については,どの程度の予見可能性が必要なのであろうか。

Ⅱ. 因果関係の予見可能性の程度

　判例・通説によると,予見可能性は具体的なものでなければならない(具体的予見可能性説)から,因果関係についても具体的な予見可能性が必要となる。ただ,故意犯の場合に現実の因果経過をすべて認識している必要はないとされているのと同じく[*2],過失犯の場合にも,実際の因果経過のすべてについて予見可能であることが要求されるわけではない。

　予見可能性の内容について,北大電気メス事件判決([判例 **28**])は,「特定の構成要件的結果及びその結果の発生に至る因果関係の基本的部分の予見」の可能性としている。つまり,「因果関係の基本的部分」の予見可能性があれば足りるのである。

　本決定も,Xのような施工資格者でも,炭化導電路の形成という現実の因果経過を予見することはできなかったとしても,「誘起電流が大地に流されずに本来流れるべきでない部分に長期間にわたり集中して流れ続けることにより火災の発生に至る可能性」という程度に抽象化された因果経過を予見することができたことを理由に,予見可能性を肯定した。

---

*2 │ **因果関係の錯誤**
被告人が認識したとおりの客体に結果が発生したが,被告人が認識していた因果経過とは異なる因果経過をたどってその結果が発生した場合を因果関係の錯誤という。この場合,被告人が認識した事実と現実に発生した事実とは同一構成要件に属するから,因果関係の錯誤は具体的事実の錯誤(Ⅳ-1のIntroduction〔p. 63〕,〔判例**24**〕参照)の一類型である。したがって,判例・通説は,因果関係の錯誤があっても故意は阻却されないと解している。

30 交通法規の違反と信頼の原則

最高裁昭和42年10月13日判決（刑集21巻8号1097頁）　　　　　▶百選Ⅰ-54

事案をみてみよう

被告人Xは、いまだ灯火の必要がない午後6時25分頃、道路（幅約10mの一直線で見通しがよく、ほかに往来する車両はなかった）上において原動機付自転車を運転し、進路の右側にある小路（幅約2m）に入るため、右折の合図をしながらセンターラインより若干左側を時速約20kmで進み、右折を始めた。その際、Xは、右後方を少し見ただけだったため、Xの右後方約15m～17.5mの位置において、法定最高速度40km/hのところ、Aが原動機付自転車を時速約60km～70kmで運転してXを追い抜こうとしていたことに気づかず、そのまま右折を続けた。Xがセンターラインを越えて斜めに約2m進行した地点で、Aの自転車とXの自転車が接触し、その結果、Aは、転倒し、頭部外傷等により死亡した。

第1審と控訴審は、Xに業務上過失致死罪の成立を認めたため、Xが上告した。[*1]

読み解きポイント

Aは、すでに右折を開始しているXの右側から時速約60km～70kmという高速度でXの原動機付自転車を追い越そうとしており、その行為は道路交通法に違反するものである。本件事故の主な原因は、こうしたAの不適切な行為にあった。そのため、本件では、信頼の原則[*2]によりXの過失犯の成立は否定される可能性がある。しかし、道路交通法上、原動機付自転車が右折するときには道路の左端に寄って交差点の側端に沿って徐行することとされていたにもかかわらず、Xはこれを怠っている。このように被告人自身の行為が法規に違反しているときでも信頼の原則を適用することは可能かが争われた。

判決文を読んでみよう

「車両の運転者は、互に他の運転者が交通法規に従って適切な行動に出るであろうことを信頼して運転すべきものであり、そのような信頼がなければ、一時といえども安心して運転をすることはできないものである。そして、すべての運転者が、交通法規に従って適切な行動に出るとともに、そのことを互に信頼し合って運転することになれば、事故の発生が未然に防止され、車両等の高速度交通機関の効用が十分に発揮されるに至るものと考えられる。したがって、車両の運転者の注意義務を考えるに当っては、この点を十分配慮しなければならないわけである。」

[*1] 自動車運転上の過失によって人を死傷させる行為については、かつては刑法211条前段の業務上過失致死傷罪が適用されていたが、211条2項の自動車運転過失致死傷罪の制定・削除を経て、現在では、自動車の運転により人を死傷させる行為等の処罰に関する法律5条の過失運転致死傷罪によって処罰される。

[*2] 信頼の原則
信頼の原則については、[判例28]の解説Ⅱを参照。

「本件被告人のように，⑴センターラインの若干左側から，右折の合図をしながら，右折を始めようとする原動機付自転車の運転者としては，後方からくる他の車両の運転者が，交通法規を守り，速度をおとして自車の右折を待って進行する等，安全な速度と方法で進行するであろうことを信頼して運転すれば足り，本件Aのように，あえて交通法規に違反して，高速度で，センターラインの右側にはみ出してまで自車を追越そうとする車両のありうることまでも予想して，右後方に対する安全を確認し，もって事故の発生を未然に防止すべき業務上の注意義務はないものと解するのが相当である（なお，本件当時の道路交通法34条3項によると，第一種原動機付自転車は，右折するときは，あらかじめその前からできる限り道路の左端に寄り，かつ，交差点の側端に沿って徐行しなければならなかったのにかかわらず，⑵被告人は，第一種原動機付自転車を運転して，センターラインの若干左側からそのまま右折を始めたのであるから，これが同条項に違反し，同121条1項5号の罪を構成するものであることはいうまでもないが，このことは，右注意義務の存否とは関係のないことである。）。」

⇩ **この判決が示したこと** ⇩

被告人の行為が法規に違反するときでも信頼の原則を適用することは可能であることを示した。

Ⅰ. 信頼の原則の意義

　信頼の原則とは，他人の適切な行動を信頼するのが相当な場合，その他人の不適切な行動により結果が生じたとしても過失犯は成立しないとする考え方をいう。他人が不適切な行動をとることが予見できなかったために予見義務が生じないか，または，仮に予見できたとしても，他人が不適切な行動をとることまで想定して結果回避の措置を講じるべき義務が課せられないため，過失犯の成立が否定されるのである。

Ⅱ. 被告人の法規違反と信頼の原則

　ただ，被告人自身が交通法規等の規則に違反している場合にも，信頼の原則を適用して過失犯の成立を否定することが可能かについては，争いがある。学説においては，クリーンハンズの原則*3に照らして，このような場合には信頼の原則を適用すべきでないとする見解も主張されている。

　しかし，被告人の行為が法規に違反していたとしても，他人の不適切な行動を予見することができない場合や，他人の不適切な行動を想定して結果回避の措置を講じるべき義務を課すことができない場合はありうる。そうだとすれば，被告人の行為が法規に違反する場合にも信頼の原則が適用される余地はある。本判決も，Xの行為が法規に違反しているからといって信頼の原則の適用が否定されるわけではないとして（Point-2），無罪を言い渡した。

*3｜クリーンハンズの原則

不法に関与した者は救済されないとする原則。

31 管理・監督過失

ホテル・ニュージャパン事件

最高裁平成5年11月25日決定（刑集47巻9号242頁） ▶百選Ⅰ-58

事案をみてみよう

被告人Ｘが代表取締役社長を務めていたホテルＡで，宿泊客のタバコの不始末により客室ベッドから出火して火災が発生し，逃げ遅れた宿泊客らが激しい炎や多量の煙を浴びたり吸引したりし，さらに窓などから階下に転落するなどして，32名が死亡し，24名が傷害を負った。ホテルＡでは，消防法等により義務づけられていたスプリンクラーの設置や代替防火区画の設置が不完全であり，また，従業員等に対して十分な消防訓練を受けさせていなかったことから本件火災発生時に従業員等が初期消火活動や避難誘導を適切に行うことができず，そのために被害が拡大した。Ｘは，業務上過失致死傷罪（211条前段）で起訴された。

読み解きポイント

本件では，ホテルＡの代表取締役社長であるＸの行為が出火原因となったわけではないし，Ｘ自身が消火活動や避難誘導を誤ったわけでもない。それでも，Ｘに過失が認められるのかを読み解こう。

決定文を読んでみよう

「(1)被告人は，代表取締役社長として，本件ホテルの経営，管理事務を統括する地位にあり，その実質的権限を有していた……。……被告人は，……(2)自ら又はＢ〔ホテルＡの支配人兼総務部長〕を指揮してこれらの防火管理体制の不備を解消しない限り，いったん火災が起これば，発見の遅れや従業員らによる初期消火の失敗等により本格的な火災に発展し，従業員らにおいて適切な通報や避難誘導を行うことができないまま，建物の構造，避難経路等に不案内の宿泊客らに死傷の危険の及ぶおそれがあることを容易に予見できたことが明らかである。したがって，(3)被告人は，本件ホテル内から出火した場合，早期にこれを消火し，又は火災の拡大を防止するとともに宿泊客らに対する適切な通報，避難誘導等を行うことにより，宿泊客らの死傷の結果を回避するため，消防法令上の基準に従って本件建物の９階及び10階にスプリンクラー設備又は代替防火区画を設置するとともに，防火管理者であるＢを指揮監督して，消防計画を作成させて，従業員らにこれを周知徹底させ，これに基づく消防訓練及び防火用・消防用設備等の点検，維持管理等を行わせるなどして，あらかじめ防火管理体制を確立しておくべき義務を負っていた……。そして，被告人がこれらの措置

を採ることを困難にさせる事情はなかったのであるから、被告人において右義務を怠らなければ、これらの措置があいまって、本件火災による宿泊客らの死傷の結果を回避することができたということができる。

　以上によれば、右義務を怠りこれらの措置を講じなかった被告人に、本件火災による宿泊客らの死傷の結果について過失があることは明らかであり、被告人に対し業務上過失致死傷罪の成立を認めた原判断は、正当である。」

> **⇩ この決定が示したこと ⇩**
>
> 経営や管理事務に関する実質的権限を有し、結果防止措置を講じることのできる立場にある者が、そのような措置を講じなかったときには、管理・監督に関する過失が認められることを示した。

解説

Ⅰ．安全体制確立義務

　管理過失とは、物的・人的設備等を整える注意義務に違反することをいい、監督過失とは、他人が過失を犯さないように監督する注意義務に違反することをいう。管理・監督過失は、特に大規模火災の事案で問題となる。[*1]

　まず、管理・監督過失において重要となるのは、安全体制確立義務違反、すなわち、防火設備を設置しなかったとか、従業員らを指導しなかったという点である。そのため、管理・監督過失における過失の認定にあたっては、安全体制確立義務の存在が必要となる。本件では、Ｘはホテルの経営者としてホテルの設備や従業員の指導に関する権限を有していたことから、ホテルの火災による死傷の結果発生を左右しうる立場にあり、安全体制確立義務があったといえる（Point-1）。[*2]

Ⅱ．管理・監督過失における注意義務

　これを前提に、Ｘの行為が過失犯の実行行為性を有するかを考えてみると、ホテルは無数の人が出入りする場所であるから、何らかの理由で火災が発生する可能性があり、いったん火災が発生すると多数の死傷者が出る可能性があることは予見できた（予見可能性，Point-2）。[*3] その上、Ｘは、ホテルの経営者として防火設備を設置するとともに、消防訓練を行うなどして火災の際に従業員が適切な行動がとれるよう監督することにより、死傷の結果を未然に防ぐことは可能であった（結果回避可能性）のであるから、Ｘにはそのような措置を講じて死傷の結果を回避すべき義務が課せられる（結果回避義務，Point-3）。本決定は、このように判断した上で、それにもかかわらず、そのような措置を講じなかったＸの行為（結果回避義務違反）は、過失犯の実行行為にあたるとしたのである。

[*1] 昭和40年代以降、ホテル、デパート、雑居ビル等の大規模火災事故が相次ぎ、管理・監督過失を争点とする裁判例が多数現れた。主な裁判例として、札幌高判昭和56・1・22判時994号129頁（白石中央病院事件）、最決平成2・11・16刑集44巻8号744頁（川治プリンスホテル事件）、最決平成2・11・29刑集44巻8号871頁（千日デパートビル事件）、最判平成3・11・14刑集45巻8号221頁（大洋デパート事件）などがある。

[*2] これに対し、前掲最判平成3・11・14は、デパートの火災の事案において、デパートの取締役人事部長、火元責任者である売場課長、防火管理者である営繕課の課員につき、その地位に基づいて注意義務を認めることはできないとして、無罪とした。被告人らの安全体制確立義務を否定したものといえる。

[*3] 学説上は、管理・監督過失の場合には具体的な予見可能性を認めることは困難であるとする見解も有力である。

Chapter IV 責任

3 責任能力と原因において自由な行為

Introduction

Contents
- IV-1 故意・錯誤・違法性の意識
- IV-2 過失
- ここ！ IV-3 責任能力と原因において自由な行為

　殺人犯が行為当時に責任能力はなかったと判断されて，無罪になった。そんなニュースをみて，「人を殺しておきながら罪に問われないなんて許せない！」と思ったことのある人もいるだろう。
　しかし，責任能力がなければ，いくら違法な行為を行ったとしても犯罪は成立しないというのが，刑法上のルールだ。それでは，なぜそのようなルールになっているのだろうか。責任能力があるかないかはどのように判断するのだろうか。これが，ここでのテーマである。
　それと，もう1つ，ここで扱う重要なテーマがある。それは，「原因において自由な行為の法理」という少し変わった名前の理論だ。「原因において自由な行為の法理」というのは，犯行を行ったときに責任能力がなくても一定の条件を満たせば完全な責任を問えるという裏ワザのような理論なのだが，その条件とは何だろうか。そして，なぜそのような裏ワザが許されるのだろうか。この点も学ぶことにしよう。

（心神喪失及び心神耗弱）
39条　① 心神喪失者の行為は，罰しない。
　　　② 心神耗弱者の行為は，その刑を減軽する。

1．責任無能力，限定責任能力

　責任無能力（責任能力がないこと）には，心神喪失（39条1項）と刑事未成年（41条）がある。また，心神耗弱（39条2項）は，責任能力が著しく減退している場合であり，限定責任能力という。このうち，刑事未成年については，41条が「14歳に満たない者の行為は，罰しない。」と規定していて，その基準は明確である。判断が難しいのは，心神喪失と心神耗弱である。

2．心神喪失，心神耗弱

　39条1項の心神喪失とは，精神の障害により，行為の是非善悪を弁識する能力（弁識能力）またはその弁識に従って行動する能力（制御能力）を欠く状態をいう。精神の障害とは，具体的には，精神病（統合失調症，そううつ病，アルコール・覚せい剤中毒など），意識障害（酩酊，催眠状態，激情など），精神薄弱などを指す。心神喪失者が違法な行為を行ったとしても，精神の障害がその原因である以上，その者を非難すること

はできないから，責任が否定される。39条1項が「心神喪失者の行為は，罰しない。」と規定しているのは，その趣旨である。たとえば，心神喪失者が故意に他人を殺害したときには，その行為は殺人罪（199条）の構成要件に該当して違法であるが，39条1項により責任が阻却され，殺人罪は成立しない。

　39条2項の心神耗弱とは，精神の障害により，弁識能力または制御能力が著しく減退した状態をいう。心神耗弱の場合は，弁識能力や制御能力が著しく減退しており，非難可能性の程度は低いものの，非難可能性が完全にないわけでもない。そこで，39条2項は，心神耗弱者の行為について責任阻却ではなく，刑の減軽を定めている。たとえば，心神耗弱者が故意に他人を殺害したときは，殺人罪の成立は認められるが，その刑が減軽されることになる。

　精神の障害は精神医学の領域に関係するから，心神喪失や心神耗弱の有無が争われたときには精神科医に鑑定を依頼することが多い。しかし，心神喪失や心神耗弱は，医学上の概念ではなく，法律上の概念であるから，心神喪失や心神耗弱に該当するかどうかは，最終的には裁判所の判断にゆだねられることになる。ただ，その判断は必ずしも容易ではない［→判例 32］。

3. 原因において自由な行為

　被告人に刑事責任を問うためには，原則として実行行為の時点で責任能力が存在しなければならない（これを「行為と責任の同時存在の原則」という）。しかし，殺害を決意して勢いをつけるために飲酒し，心神喪失や心神耗弱の状態で被害者を包丁で刺して殺害した場合のように，自ら精神の障害を招いて心神喪失や心神耗弱の状態で犯罪を実行したときには，完全な責任を問うことが可能である。これを「原因において自由な行為の法理」という。原因において自由な行為の法理が認められると，39条の適用が排除されるから，心神喪失の状態で犯罪を実行しても責任が阻却されずに犯罪が成立するし，心神耗弱の状態で犯罪を実行しても刑は減軽されない。

　原因において自由な行為の法理については，なぜそのような法理が認められるのか，どのような要件の下に認められるのか，どの範囲で認められるのか（特に心神喪失だけでなく心神耗弱の場合にも認められるのか）が問題となる［→判例 33］。

32 責任能力の判断

最高裁昭和59年7月3日決定（刑集38巻8号2783頁）

事案をみてみよう

被告人Xは，友人の妹Aに結婚を断わられた不満などからAの家族の殺害を決意し，A宅を訪れる際に利用したハイヤーの運転手，Aの家族，騒ぎを聞いて駆けつけてきた近隣者等の頭部を次々に鉄棒で強打し，5名を殺害し，2名に重傷を負わせた。Xは，本件犯行の前年から統合失調症[*1]により入院，退院した後，工員として働きながら本件犯行の2か月前まで通院治療を受けていた。

第1審は，Xの完全責任能力を認め，死刑を言い渡し，控訴審は，第1審の判断を支持した。これに対し，最高裁（第1次上告審）は[*2]，Xが心神耗弱であった疑いがあるとして，原判決を破棄して差し戻した。差戻後控訴審は，Xは心神喪失とはいえないが，心神耗弱であったとして，第1審判決を破棄して自判し，無期懲役を言い渡した。これに対し，Xは，心神喪失を認めるべきであるとして，上告した。

*1 | 統合失調症
精神障害のひとつ。多くは青年期に発病し，感情の鈍麻・自閉症状・意志の減退・奇妙な行動・幻覚・妄想などを示すが，症状の現れ方や経過は複雑で多様（大辞林より）。以前は，「精神分裂病」と呼ばれており，本決定の決定文にもこの語が用いられている。

*2 |
最判昭和53・3・24刑集32巻2号408頁（百選Ⅰ-34）。

読み解きポイント

第1審や控訴審の精神鑑定は，Xは統合失調症であったものの是非善悪の判断が可能な精神状態にあったとの意見を示したにもかかわらず，第1次上告審は，Xが心神耗弱だった疑いがあるとした。また，差戻後控訴審では，2名の精神科医に鑑定を依頼したところ，両者の結論が分かれたが，差戻後控訴審は，Xの心神耗弱を認めた。本決定も，その判断を支持し，Xの上告を棄却した。

それでは，裁判所は，精神鑑定の意見に拘束されるのだろうか。また，被告人に精神の障害があれば，それだけで心神喪失や心神耗弱が認められるのであろうか。こうした点に注目して，本決定を読み解こう。

決定文を読んでみよう

「(1)被告人の精神状態が刑法39条にいう心神喪失又は心神耗弱に該当するかどうかは法律判断であるから専ら裁判所の判断に委ねられているのであって，(2)原判決が，……精神鑑定書（鑑定人に対する証人尋問調書を含む。）の結論の部分に被告人が犯行当時心神喪失の情況にあった旨の記載があるのにその部分を採用せず，右鑑定書全体の記載内容とその余の精神鑑定の結果，並びに記録により認められる被告人の犯行当時の病状，犯行前の生活状態，犯行の動機・態様等を総合して，被告人が本件犯行当時精神分裂病の影響により心神耗弱の状態にあったと認定したのは，正当とし

て是認することができる。」

> **↓ この決定が示したこと ↓**
>
> 第1に，心神喪失や心神耗弱に該当するかどうかは法律判断であるから，もっぱら裁判所の判断にゆだねられ，必ずしも精神鑑定の結果に拘束されないこと，第2に，心神喪失や心神耗弱の判断は，精神鑑定の結果，被告人の犯行当時の病状，犯行前の生活状態，犯行の動機・態様等を考慮して行う総合判断であることを示した。

解説

Ⅰ. 心神喪失・心神耗弱の意義

心神喪失とは，精神の障害により，行為の是非善悪を弁識する能力（弁識能力）またはその弁識に従って行動する能力（制御能力）を欠く状態をいい，心神耗弱とは，精神の障害により，弁識能力または制御能力が著しく減退した状態をいう。精神の障害を生物学的要素，弁識能力・制御能力を心理学的要素と呼び，心神喪失や心神耗弱は，生物学的要素と心理学的要素の両面から判断される。これを混合的方法という。

Ⅱ. 心神喪失・心神耗弱の判断方法

1 ▶ 法律判断

精神の障害とは，具体的には，精神病（統合失調症，そううつ病，アルコール・覚せい剤中毒など），意識障害（酩酊，催眠状態，激情など），精神薄弱などを指し，これらは精神医学の領域に関係する。そこで，心神喪失や心神耗弱の有無が争われたときには，専門家である精神科医に鑑定を依頼することが多い。しかし，心神喪失や心神耗弱は，医学上の概念ではなく，法律上の概念であるから，心神喪失や心神耗弱に該当するかどうかは，法律判断であり，最終的には裁判所の判断にゆだねられる（Point-1）。したがって，被告人を心神喪失または心神耗弱とする鑑定意見が出されたとしても，裁判所は，自らの判断により，被告人の完全責任能力を認めてもよい。鑑定意見の一部のみを採用し，他の部分を採用しないことも可能である。[*3]

もっとも，精神の障害や弁識能力・制御能力の判断は，本来的には精神医学の専門領域に属する問題であるから，特段の事情（鑑定人の公正さや能力に疑いがあるとか，鑑定の前提条件に問題があるなど）がない限り，鑑定意見は原則として尊重される。[*4]

2 ▶ 総合判断

心神喪失や心神耗弱は，精神の障害（生物学的要素）を原因として弁識能力や制御能力が欠如または減退していたか（心理学的要素）という問題である。したがって，単に被告人に精神の障害があったというだけで心神喪失や心神耗弱が認められるわけではなく，精神の障害が弁識能力や制御能力にどのような影響を与えたかを判定する必要がある。そこで，心神喪失や心神耗弱の判断にあたっては，犯行当時の病状，犯行前の生活状態，犯行の動機・態様等を総合して考慮し，統合失調症等による病的体験と犯行との関係，本来の人格傾向と犯行との関連性等を検討することになる（Point-2）。

*3 | 最決平成21・12・8刑集63巻11号2829頁（百選Ⅰ-35）。

*4 | 最判平成20・4・25刑集62巻5号1559頁，最判平成27・5・25判タ1415号77頁。

33 原因において自由な行為

酒酔い運転

最高裁昭和43年2月27日決定（刑集22巻2号67頁）　　▶百選Ⅰ-39

事案をみてみよう

被告人Xは，自動車を運転して酒を飲みに行き，飲み終われば酔って再び自動車を運転することを認識しながらビールを20本くらい飲み，アルコールの影響により正常な運転ができないおそれがある状態となり，心神耗弱の状態で自動車を運転した。

読み解きポイント

Xが飲酒後に自動車を運転した行為は，酒酔い運転罪にあたるが，その際，Xは心神耗弱の状態にあったから，本来であれば，39条2項により刑が減軽されることになる。しかし，Xは，自らの飲酒によって心神耗弱状態となったのであり，このような場合にまで刑の減軽を認めてよいかは疑問である。特に酒酔い運転罪は，実際上，責任能力が低下している状態で行われることが多いであろうから，運転の時点で心神喪失や心神耗弱になっていた場合にすべて39条を適用すると，酒酔い運転罪はほとんど成立しないか，刑が減軽されるということになりかねない。

それでは，被告人が自ら責任能力の低下を招いた場合に完全な責任を問うことは可能なのであろうか。可能であるとして，その理論的根拠はどこに求められるのであろうか。

決定文を読んでみよう

「本件のように，酒酔い運転の行為当時に飲酒酩酊により心神耗弱の状態にあったとしても，飲酒の際酒酔い運転の意思が認められる場合には，刑法39条2項を適用して刑の減軽をすべきではないと解するのが相当である。」

⇩ この決定が示したこと ⇩

酒酔い運転行為の時点で心神耗弱の状態にあったとしても，完全な責任能力のある飲酒行為の時点で酒酔い運転行為を行う意思を持っていたときには，39条2項による刑の減軽は認められないことを示した。

解説

Ⅰ. 原因において自由な行為の法理の意義

被告人に刑事責任を問うためには，実行行為の時点で責任能力が存在しなければな

---

*1｜酒気帯び運転と酒酔い運転

酒気帯び運転罪は，政令で定める程度以上にアルコールを身体に保有する状態で車両等を運転したときに成立する（道交65条1項・117条の2の2第3号）。これに対し，酒酔い運転罪は，酒に酔った状態（アルコールの影響により正常な運転ができないおそれがある状態。ただし，身体のアルコール濃度は問わない）で車両等を運転したときに成立する（同117条の2第1号）。酒気帯び運転罪より酒酔い運転罪のほうが重く処罰される（現在の道路交通法では，酒気帯び運転罪の法定刑は3年以下の懲役または50万円以下の罰金であるのに対し，酒酔い運転罪の法定刑は5年以下の懲役または100万円以下の罰金）。

らない。これを実行行為と責任能力の同時存在の原則という。

しかし，殺害を決意して勢いをつけるために飲酒し，心神喪失や心神耗弱の状態で被害者を包丁で刺して殺害した場合のように，自ら責任能力を低下させて計画どおりに犯罪を実現した場合に，39条による責任阻却や刑の減軽を認めるのは，法感情から納得しがたいところがある。

そこで，自ら精神の障害を招き，心神喪失や心神耗弱の状態で犯罪を実行した場合には，完全な責任を問える場合がある。これを原因において自由な行為の法理という。[*2]

Ⅱ. 原因において自由な行為の法理の理論的根拠

1 ▶▶ 原因行為説（間接正犯類似説）

問題は，この法理の理論的根拠である。学説は大きく2つに分かれる。①原因行為説（間接正犯類似説）と②結果行為説（同時存在の原則修正説）である。

①説は，原因行為を実行行為とする点に特徴がある。つまり，原因において自由な行為は，責任能力のない自分自身を道具のように利用するものであると考え，利用行為である原因行為を実行行為ととらえるのである。[*3]実行行為である原因行為の時点で完全責任能力があったのであるから，完全な責任を認めても，実行行為と責任能力の同時存在の原則には何ら反しないことになる。

しかし，飲酒行為を殺人罪等の実行行為とすることには，いかにも無理がある。また，①説によると，心神耗弱の事例で原因において自由な行為の法理を適用することが難しくなる。心神耗弱のときには，心神喪失と違って，限定的とはいえ責任能力が存在しているため，完全な道具とはいいがたいからである。

2 ▶▶ 結果行為説（同時存在の原則修正説）

そこで，②説は，結果行為を実行行為ととらえ，必ずしも実行行為の時点で責任能力が存在しなくてもよいと主張する。そもそも責任非難は被告人の意思決定に向けられるものであるから，たとえ実行行為の時点では責任能力が存在しなくても，実行行為（結果行為）が完全な責任能力のある原因行為時における意思決定の実現であるといえれば足りるとするのである。

結果行為が完全な責任能力のある原因行為時における意思決定の実現であるというためには，原因行為と結果行為が1個の意思決定に貫かれていること，すなわち，原因行為から結果行為に至るまで意思が連続していることが必要となる。本件では，原因行為である飲酒行為の時点から酒酔い運転の意思があり，その意思が結果行為である運転行為の時点まで連続しているから，原因において自由な行為の法理を適用することは可能であり，39条2項による刑の減軽は否定される。[*4]

②説からすると，結果行為が完全な責任能力のある原因行為時における意思決定の実現であるといえる以上は，心神喪失だけでなく心神耗弱のときにも原因において自由な行為の法理を適用することは可能である。判例が①説と②説のいずれの見解を採用しているのかは必ずしも明らかではないし，本決定も理論的な根拠には言及していないが，本決定は，心神耗弱の事例で原因において自由な行為の法理を適用していることから，②説に親和的であるといえよう。[*5]

[*2] 心神喪失や心神耗弱の状態を招く原因となった行為（飲酒など）を原因行為といい，結果を直接引き起こす行為（酒に酔って運転する行為や包丁で刺す行為など）を結果行為という。結果行為が原因行為の時点における完全責任能力に基づく自由な意思決定により行われた行為であることから，「原因において自由な行為」と呼ばれている。

このとき
責任能力あり
↓
原因行為 ─── 結果行為

[*3] 責任能力のない他人を道具のように利用したときに間接正犯が成立するのと同様である。間接正犯については，[判例42]参照。

[*4] これに対し，たとえば，Aを殺害する意思で居酒屋において飲酒を開始し，いったん寝入って目が覚めた後，心神喪失の状態となり，Aの殺害計画を忘れてしまったが，居酒屋の客Bと口論となり，殺意を抱いてBを殺害した場合には，意思の連続性は認められない。

[*5] ①説に立った裁判例も存在する。大阪地判昭和51・3・4判タ341号320頁（百選Ⅰ-38）。

Step Up もう一歩先へ

1. 故意・錯誤・違法性の意識

(1) 犯罪事実の認識 鑑札のない犬は他人の犬でも無主の犬とみなされると信じ，他人の犬を撲殺した事案について窃盗罪（235条）と器物損壊罪（261条）の故意を否定した最判昭和26・8・17刑集5巻9号1789頁（百選Ⅰ-44），営業許可申請事項変更届の受理によって営業許可があったと信じ，特殊公衆浴場の営業を続けた事案について無許可営業罪（浴場8条1号）の故意を否定した最判平成元・7・18刑集43巻7号752頁（百選Ⅰ-46）がある。

わいせつ物頒布罪（175条1項）のわいせつ性のように，その判断に裁判官による一定の規範的評価が必要となる要素を規範的構成要件要素といい，規範的構成要件要素についてはどのような認識があれば故意が認められるのかが問題となる。最大判昭和32・3・13刑集11巻3号997頁（百選Ⅰ-47）は，わいせつ物頒布罪の故意の成立には，問題となる記載の存在の認識とこれを頒布することの認識があれば足り，その文書がわいせつ性を具備するかどうかの認識までは必要でないとした。

(2) 未必の故意 最判昭和23・3・16刑集2巻3号227頁（百選Ⅰ-41）は，盗品有償譲受け罪（256条2項）の故意としては，譲り受けた物が盗品であることを確定的に知っている必要はなく，盗品であるかもしれないと思いながら，しかもあえて買い受ける意思があれば足りるとした。「あえて」という表現が認容を表しており，未必の故意を認めたものであるといわれている。

2. 過失

(1) 予見可能性 客体についてどの程度具体的な予見可能性が必要かが問題となった判例として，最決平成元・3・14刑集43巻3号262頁（百選Ⅰ-52）がある。トラックを高速度で運転して信号柱に衝突し，荷台にいた被害者を死亡させた事案で，同決定は，被害者が荷台に乗車していることを知らなくても過失が認められるとした。無謀運転を行っている以上，「荷台にいる人の死」の予見可能性はなくても「およそ人の死」が生じることの予見可能性があれば足りるとしたものと考えられる。

(2) 注意義務の内容 血友病治療の権威の医師である被告人がHIVに汚染された非加熱製剤を血友病患者に投与したため患者をHIVに感染させて死亡させた事案について，予見可能性の程度や結果回避義務違反の判断方法などが問題となったが，東京地判平成13・3・28判タ1076号96頁（百選Ⅰ-55）は，被告人を無罪とした。他方，非加熱製剤の使用を中止させる措置を講じなかった厚生省（現厚生労働省）の薬務局生物製剤課長について，最決平成20・3・3刑集62巻4号567頁（百選Ⅰ-56）は，業務上過失致死罪（211条前段）が成立するとした。過失不作為犯の成立を認めたものであるとされる。

(3) 過失の競合 複数の者の過失が重なり結果が発生した場合を過失の競合という。過失の競合に関する判例として，医科大学の助手が抗がん剤を過剰投与して患者を死亡させた事案につき，その助手を指導していた教授と指導医の過失責任が問題となった最決平成17・11・15刑集59巻9号1558頁（百選Ⅰ-57），看護師，麻酔医，執刀医らの不注意が重なり，患者を取り違えて手術を行った事案である最決平成19・3・26刑集61巻2号131頁，夏祭りの花火大会の際に発生した歩道橋上の雑踏事故につき，夏祭りの実質的主催者の市職員，警備担当の警察官，警備員らの過失責任が問題となった最決平成22・5・31刑集64巻4号447頁，航空機同士の異常接近によって乗客が負傷した事案について，便名を言い間違えた実地訓練中の航空管制官と，これを是正しなかった指導監督中の航空管制官の過失が争われた最決平成22・10・26刑集64巻7号1019頁などがある。

3. 責任能力と原因において自由な行為

(1) 責任能力 最判平成20・4・25刑集62巻5号1559頁は，生物学的要素とそれが心理学的要素に与えた影響については，専門家である精神医学者の鑑定意見を原則として十分に尊重して判断すべきであるとした。他方，最決平成21・12・8刑集63巻11号2829頁（百選Ⅰ-35）は，責任能力の有無・程度の判断が法律判断であることをふまえ，鑑定意見の一部を採用しても，他の部分には拘束されないことを示した。

(2) 原因において自由な行為 原因において自由な行為の法理の適用が問題となった裁判例のうち，過失犯の事例として，最大判昭和26・1・17刑集5巻1号20頁（百選Ⅰ-37），故意犯の事例として，大阪地判昭和51・3・4判タ341号320頁（百選Ⅰ-38）がある。

Chapter V

未遂犯

本章で学ぶこと

1. 不能犯と実行の着手
2. 中止犯

　たとえば，殺人罪（199条）の場合，殺人行為によって被害者が死亡したときに殺人罪は既遂になる（既遂犯）。犯罪は既遂に至って初めて成立するのが原則である。ここまでの Chapter では，この既遂犯を前提にその成立要件をみてきた。しかし，生命という重要な法益について，死亡により生命が失われたときにしか処罰できないのでは，生命の保護として不十分である。たとえば，銃弾は命中したが医療措置によって被害者が一命をとりとめた場合のように，生命が失われる危険があった場合にも処罰することで，そうした危険も生じないようにする必要がある。そこで，既遂に至る以前に，その危険が生じた段階での処罰を可能とするのが，未遂犯の処罰規定である。

　43条本文は，「犯罪の実行に着手してこれを遂げなかった」場合を未遂犯とするから，未遂犯になるかどうかは，「実行の着手」が認められるかどうかにかかることになる。それでは，「実行の着手」はいかなる場合に認められるのだろうか。この点を，**1. 不能犯と実行の着手**で学ぶ。

　さらに，43条ただし書は，「自己の意思により犯罪を中止し」て未遂にとどまった場合に特別な法的効果を認めるが，いかなる場合にそれが認められるのかについて，**2. 中止犯**で学ぶ。

Contents

- I 罪刑法定主義
- II 構成要件該当性
- III 違法性
- IV 責任
- **ココ！** V 未遂犯
- VI 共犯

不能犯と実行の着手

Chapter V 未遂犯
1

Introduction

Contents
ココ！▶ V-1 不能犯と実行の着手
V-2 中止犯

　Xは，新型のスマホを盗むために夜間で人のいない携帯電話ショップに侵入したところ，忘れ物を取るために戻ってきた従業員にみつかり，Xは取り押さえられた。窃盗罪には既遂罪（235条）だけでなく未遂罪（243条）もあるため，この事例の場合，スマホを持ち出すことができなかったXにも窃盗未遂罪が成立する可能性はある。しかし，店舗に侵入しただけで窃盗未遂罪が成立するのだろうか。スマホを手に取ろうとする行為を始めていたり，スマホを探そうとする行為を始めていたりする必要はないだろうか。以下では，未遂犯の成否がどのようにして判断されるのかについて考えてみよう。

（未遂減免）
43条　犯罪の実行に着手してこれを遂げなかった者は，その刑を減軽することができる。[*1]
（未遂罪）
44条　未遂を罰する場合は，各本条で定める。

*1　ここではただし書を省略した。同条のただし書には中止犯の規定がある。中止犯についてはp.103以下参照。

1．未遂犯とは
　犯罪は法益侵害もしくは既遂結果が発生してそれが完成した場合（既遂犯）に成立する（たとえば，殺人既遂罪は被害者の死亡により成立する）だけでなく，既遂には至っていない場合でも未遂犯（43条本文）として犯罪が成立することもある。未遂犯は，未遂犯を処罰する規定がある場合にのみ処罰することができる（44条）。その意味で，器物損壊罪（261条）や逮捕・監禁罪（220条）には未遂犯の処罰規定がないために，それらの犯罪は既遂に至らなければ処罰できない。ただ，たとえば，殺人未遂罪（203条）や窃盗未遂罪，強姦未遂罪（179条）のように，重要な法益に関しては未遂犯の処罰規定があるから，多くの場合，未遂犯となるかどうかが処罰の有無を分けることになる。

*2　未遂犯の成立が認められた場合，既遂犯の刑を減軽することができる。

*3　未遂以前の段階でも，犯行の計画をしただけで処罰される「陰謀」，犯行の準備をしただけで処罰される「予備」もあるが，それらを処罰する規定は非常に限定的である（陰謀として内乱陰謀罪〔78条〕，予備として殺人予備罪〔201条〕，現住建造物等放火予備罪〔113条〕など）。

　未遂犯が成立する場合，既遂結果の発生はないけれども，だからといってそれは，犯罪をしようとした意思に基づいて処罰されるのではない。未遂犯の処罰根拠は，行為によって，既遂に至る客観的な危険が生じたことに求められている。

2．実行の着手時期
　未遂犯は，既遂に至る以前の，どの段階でその成立が認められるのだろうか。43条本文は，「犯罪の実行に着手してこれを遂げなかった」場合を未遂犯とするから，

その成立には，実行の着手が必要である。では，実行の着手はどの段階で認められるのか。この点，それを構成要件に該当する行為への着手と理解すれば，たとえば，窃盗罪に関するエンピツくんの事例でいうと，財物の占有を移転する（財物を自分の手元に運ぶ）行為への着手が求められるので，Xが侵入しただけのこの事例では，実行の着手は認められない。他方，未遂犯の処罰根拠に従えば，既遂に至る客観的な危険が発生したといえれば実行の着手が肯定される。その危険があったか否かの判断は事案の具体的状況に左右されるが，たとえば，スマホを物色するために商品棚に近づいたことなどに基づいて実行の着手が認められることになる〔→判例 35〕。

なお，実行の着手時期に関する応用問題として，「早すぎた結果の発生」がある〔→判例 36〕。

3．不能犯

既遂に至る客観的な危険が生じたことが未遂犯の処罰根拠だとすると，その危険の存否はいかなる視点から判断されるのだろうか。たとえば，警察官Aを殺害するために，Aが携帯していたけん銃を奪ってAに向けて引き金を引いたが，たまたまその日にAがけん銃に弾を込めるのを忘れていたため，発砲されずにAが死亡しなかった場合，殺人に至る危険はあった（殺人未遂罪が成立する）と判断されるのだろうか。弾が込められていない以上，発砲により死亡させることはできないから危険があるとはいえないのではないか，しかし他方で，一般的には人に向けてけん銃の引き金を引くことは危険なことと判断されるのではないか。このような危険性の判断をめぐる問題が，不能犯という論点である〔→判例 34〕。

*4 窃盗罪は，財物の占有の移転とその取得を成立要件とする。

*5 不能犯とは，既遂に至る危険が認められず，未遂犯が成立しない場合をいう。「不能犯」という論点では，この不能犯になるのか，それとも未遂犯が成立するのかに関する判断基準を検討する。

34 不能犯

空気注射事件

最高裁昭和37年3月23日判決（刑集16巻3号305頁） ▶百選Ⅰ-66

事案をみてみよう

被告人Ｘらは，Ａの静脈内に空気を注射しいわゆる空気塞栓（栓塞）(*1)を引き起こして殺害することを計画し，それに基づき，Ａをだまして注射を承諾させた上，注射器でＡの両腕の静脈内に1回ずつ蒸留水5ccとともに空気合計30ccないし40ccを注射した。しかし，人を空気塞栓により死亡させるために必要な空気の量（致死量）は70ccから300ccと考えられるところ，Ｘらが注射した空気の量がその量に至らないものであったため，Ａは死亡しなかった。

本件につき，第1審および控訴審はＸらに殺人未遂罪（203条）の成立を認めた。

読み解きポイント

ＸらはＡの静脈内に空気を注射したが，それが致死量に至らない量であったため殺人の既遂には至らなかった。そこで，未遂犯の成否が問題となる。未遂犯が成立するためには，「犯罪の実行に着手し〔た〕」(*2)（43条）といえることが必要であるが，それは，判例に従えば，既遂に至る客観的危険性が発生した場合に認められる（実質的客観説）。この点，本件では致死量に至らない量の空気が注射されたが，致死量に至らないというだけで，既遂に至る客観的危険性がなかったとして，実行の着手が認められず未遂犯が成立しない，といってよいのだろうか。

ここでは不能犯が問題となる。不能犯とは，外形的には実行の着手の段階に至ったようにみえるのに，実際には既遂を生じさせることができないため（既遂に到達する危険がないため）(*3)，未遂犯の成立が認められず不可罰とされる場合をいう。しかし事後的にみて既遂に到達しえない条件があればすべて不可罰の不能犯とされるわけではない(*4)。それでは，既遂に至る危険の存否は，いかなる基準に基づいて判断されるのか。本判決では（不能犯ではなく）未遂犯の成立が認められたが，その理由に注目して読み解こう。

判決文を読んでみよう

「所論は，人体に空気を注射し，いわゆる空気栓塞による殺人は絶対に不可能であるというが，原判決並びにその是認する第1審判決は，<u>本件のように静脈内に注射された空気の量が致死量以下であっても被注射者の身体的条件その他の事情の如何によっては死の結果発生の危険が絶対にないとはいえない</u>と判示しており，右判断は，原判示挙示の各鑑定書に照らし肯認するに十分であるから，結局，この点に関する所

---

*1 | 空気塞栓（栓塞）
静脈に大量の空気が入った場合には，空気が心臓を経て肺動脈に至った際に，肺動脈を空気が塞いだ状態となり，肺胞毛細血管まで血液が届かなくなる。その結果，肺胞でのガス交換ができなくなり，最悪の場合は急性循環障害で死亡する可能性がある。

*2 | 実行の着手
実行の着手について，詳しくは〔判例35〕参照。

*3
浴槽にお湯をはるために，浴槽いっぱいにお湯が満たされるのに相当する量のお湯を注いだが，実は浴槽の栓をしていなかったため，お湯がたまりえなかった，ということと似ている。

*4
不能犯であるが，不能犯が肯定された場合には，未遂犯が不成立となり，犯罪は成立しない。

論原判示は，相当であるというべきである。」

> ↓ **この判決が示したこと** ↓
>
> 注射された空気の量が致死量以下であっても，被害者が死亡する可能性がある点を考慮して既遂に至る危険性を肯定し，殺人未遂罪の成立を認めた。

解説

Ⅰ．危険性判断に関する学説

危険性の判断に関する学説は，〈行為時に一般人が認識しえた事実〉と〈行為者が認識していた事実〉を基礎に，行為時の一般人の視点から，危険性の有無を判断する見解（具体的危険説）と，結果発生に至る可能性を事後的・客観的に判断する見解（客観的危険説）に分かれる。たとえば，人に向けてけん銃を発射したが，銃口の方向がずれていたため，被害者に命中しなかった事例について，具体的危険説によれば，一般人からすると人に向けてけん銃を発射する行為は危険だと考えられるため危険性が肯定される。これに対して，客観的危険説からすれば，事後的にみると銃口の方向がずれていたことを前提に判断がなされる。そして，銃口が正確な方向を向いていた可能性が高ければ危険性が肯定されるが，低ければ危険性はなかったとされるのである。

Ⅱ．判例における危険性判断

本件では控訴審も未遂犯を肯定したが，その際，第1に，一般人には，人の血管内に空気を注射すればその人は死亡すると思われていたところ，Xらはそのような行為を行ったのだからそれは「人を殺す」行為にあたることを理由とし（理由①），第2に，注射された空気の量が致死量以下でも，注射された相手方の健康状態によっては死亡することもありうることを考慮した（理由②）。理由①が具体的危険説の判断形態，理由②が客観的危険説の判断形態にあたる。これに対して，本判決は，理由②だけを示して危険性を認めたのであるから，客観的危険説に基づいて判断を行ったといえる。

もっとも，ほかの裁判例では，たとえば，警察官からけん銃を奪って引き金を引いたが，たまたま銃弾が装塡されていなかったために死亡に至らなかった事例（「方法の不能」の事例），財物を奪取しようとしたが，被害者がそれを携帯していなかったために財物奪取に至らなかった事例（「客体の不能」の事例）では，一般人の視点を取り入れた具体的危険説に基づく判断が行われているし，天然ガスを用いた殺人未遂の事例では両者が併用されている。判例は必ずしも2つの判断基準のうちいずれかに従って判断しているわけではない。

*5｜福岡高判昭和28・11・10高刑判特26号58頁。

*6｜大判大正3・7・24刑録20輯1546頁。同様の事案として，福岡高判昭和29・5・14高刑判特26号85頁。

*7｜既遂を生じさせる方法が不適切であるため既遂に至らない事例を「方法の不能」の事例，客体の不存在により既遂に至らない事例を「客体の不能」の事例という。ただ，このように区別はされるが，両事例の区別が帰結に何らかの違いをもたらすわけではない。

*8｜岐阜地判昭和62・10・15判タ654号261頁（百選Ⅰ-68）。

35 実行の着手

最高裁昭和45年7月28日決定（刑集24巻7号585頁） ▶百選Ⅰ-63

事案をみてみよう

被告人Xは，ダンプカーにYを同乗させ，ともに女性と性的関係を結ぼうとの意図のもとに走行中，1人で通行中のA女を認め，「車に乗せてやろう。」等と声をかけながら約100m追いかけたものの相手にされなかった。するとYがいらだって下車してAに近づき，Aを背後から抱きすくめてダンプカーの助手席前まで連行してきた。Xは，YにAを強姦する意思があることを察知し，Yと意思を通じた上，必死に抵抗するAをYとともに運転席に引きずり込み，発進して同所より5kmほど離れた護岸工事現場に至り，同所において，運転席内でAを強姦した。また，ダンプカーの運転席にAを引きずり込む際の暴行により，Aに全治まで約10日を要する左ひざ打撲症等の傷害を負わせた。

読み解きポイント

Xは，（Yと共同して）Aをダンプカーの車内に引きずり込み，同車を発進させて護岸工事現場に移動し，同所で暴行を用いて姦淫した。本件では最終的には強姦罪（177条）は既遂に至ったが，強姦の目的でAをダンプカーに引きずり込む際に生じた傷害について，それが傷害罪（204条）ではなく，強姦致傷罪（181条2項）における傷害として評価されるためには，その前提として，引きずり込みの時点で強姦罪の未遂が成立していることが求められる[*1]。この点，未遂犯は，「犯罪の実行に着手してこれを遂げなかった」ことと規定される（43条）から，その成立には，当該事実について「犯罪の実行に着手し〔た〕」といえることが必要である。そこで，ダンプカーへの引きずり込みの時点で実行の着手があったといえるのかが問題となった。本決定はその時点での実行の着手を認めたが，いかなる要素からそれを肯定したのかに注目して読み解こう。

*1
傷害罪と強姦罪がそれぞれ成立する場合よりも，強姦致傷罪が成立した場合のほうが重く処罰される。

決定文を読んでみよう

「かかる事実関係のもとにおいては，<u>被告人が同女をダンプカーの運転席に引きずり込もうとした段階においてすでに強姦に至る客観的な危険性が明らかに認められるから</u>，その時点において強姦行為の着手があったと解するのが相当であり，また，Aに負わせた右打撲症等は，傷害に該当すること明らかであって……，以上と同趣旨の見解のもとに被告人の所為を強姦致傷罪にあたるとした原判断は，相当である。」

> **↓ この決定が示したこと ↓**
>
> 直接姦淫に向けられた暴行を開始した時点ではなく、それ以前の段階にある、被害者をダンプカーに引きずり込むために行われた暴行について、その時点で、強姦に至る（＝既遂に至る）客観的な危険性が認められることを理由に実行の着手を肯定した。

解説

I. 実行の着手時期

未遂犯にいう「犯罪の実行に着手し〔た〕」という文言を素直に読めば、構成要件該当行為への着手とも理解できるかもしれない。仮にそうだとすれば、強姦罪の場合は、姦淫の直前に行われる、反抗を著しく困難にする暴行を開始した時点で実行の着手が認められることとなる。現に、実行の着手として構成要件該当行為への着手を求める見解（形式的客観説）もある。しかし、本決定をはじめとして判例は、構成要件該当行為より前の段階の行為でも、既遂に至る客観的な危険性が発生した時点で実行の着手を肯定する（実質的客観説）。もっとも、判例では、その判断に際し、構成要件該当行為を開始またはそれに密接する行為を行い、既遂に至る客観的な危険性が発生した時点で実行の着手が認められる、ともされており、既遂到達の危険という実質的要素（危険性）と、構成要件該当行為を開始またはそれに密接する行為をしたという形式的要素（密接性）があわせて考慮されることも多い。構成要件該当行為より前の行為について実行の着手を認めるとすると、なぜ、そして、どこまで遡って、それを認めてよいのかが問題となるが、危険性は未遂犯の処罰根拠として、密接性はそれを限界づけるものとして、理解されている。

II. 既遂到達の危険の判断の仕方

問題は、いかなる要素に基づいて既遂到達の危険性の存否を判断するかである。ここでいう危険性とは、既遂結果に至る高度の可能性があることであるから、その時点からみて既遂に至るまでの間に障害が存在していないこと（障害の不存在）が危険性を認めるにあたって重要となる。また、この危険性を判断する際には、行為者の計画も判断資料のひとつとされる。他方、密接性の観点から、構成要件該当行為と時間や場所がどれだけ近接しているか（時間的場所的近接性）も考慮される。

本決定では、ダンプカー車内にAを引きずり込みさえすれば、Aは脱出できず、第三者の救助も期待できない点を考慮して（障害の不存在）、強姦に至る危険性が肯定されたものと思われる。また、密接性についても、本件では姦淫の現場がダンプカーに引きずり込まれた地点から5kmほど離れているが、自動車での移動によるので時間的間隔がそれほどないこと、その程度の移動ではAが車内から脱出できない等の状況に変化が生じないことを考慮すれば、時間的場所的近接性が否定されることはないと思われる。

---

*2 | 強姦罪にいう暴行・脅迫は特に、相手方の反抗を著しく困難にする程度の暴行・脅迫をいうとされる。

*3 | 最判平成26・11・7刑集68巻9号963頁では、関税法上の無許可輸出罪（同法111条3項・1項1号）の実行の着手時期に関し、当該事案では貨物の航空機への積載時が既遂時期とされるところ、無許可輸出にかかる手荷物について、「航空機に積載するに至る客観的な危険性が明らかに認められる」として実行の着手が肯定された。

*4 | たとえば、クロロホルム事件の最高裁決定（[判例36]）。ほかに東京高判平成22・4・20判タ1371号251頁（窃盗）、東京高判平成19・8・8刑集62巻3号160頁（覚せい剤輸入等）参照。

*5 | 通常は危険性を満たす場合には密接性も満たしていると考えられるが、たとえば行為が複数の段階に分けられる場合には、どこまでの段階であれば密接といえるのかを示すために、時間的場所的近接性を判断することが必要となる（[判例36]参照）。

*6 | 強姦の実行の着手が肯定された事例として、本決定のほかに、東京高判昭和57・9・21判タ489号130頁。否定された事例として、大阪地判平成15・4・11判タ1126号284頁。

36 早すぎた結果の発生

最高裁平成16年3月22日決定（刑集58巻3号187頁） ▶百選Ⅰ-64

事案をみてみよう

被告人Xは生命保険金をだましとろうと考え、夫Aの殺害を被告人Yに依頼した。Yは、Zら3名（実行犯3名）にその殺害を実行させることとし、実行犯3名の乗った自動車（犯人使用車）をAの運転する自動車（A車）に衝突させ、示談交渉を装ってAを犯人使用車に誘い込み、クロロホルムを使ってAを失神させた上、A車ごと水中に転落させてでき死させる計画を立て、実行犯3名にその実行を指示した。実行犯3名は、犯行当日の午後9時30分頃、犯人使用車をA車に追突させ、Aを犯人使用車に誘い入れた後、多量のクロロホルムを染み込ませたタオルをAの鼻口部に押し当て、Aにクロロホルムを吸引させ続けてAを昏倒させた（第1行為）。その後、実行犯3名は、Aを約2km離れた港まで運び、午後11時30分頃、AをA車運転席に運び入れた上でA車を岸壁から海中に転落させて沈めた（第2行為）。

本決定では、⑦死亡したAの死因について、でき水による窒息であるのか、クロロホルムの摂取に基づく呼吸停止等であるのか特定されておらず、Aは、第2行為の前の時点で、第1行為により死亡していた可能性があること、①Yおよび実行犯3名は第1行為自体によってAが死亡する可能性があると認識していなかったが、客観的にみれば、第1行為は人を死に至らしめる危険性の相当高い行為であったことが認められている。

✓ 読み解きポイント

Yらの犯行計画は、クロロホルムでAを失神させ（第1行為）、次に、失神したAを自動車ごと水中に転落させてでき死させる（第2行為）というものであった。もっとも、Aは死亡したが、第2行為によってでき死したのか、第1行為によってすでに死亡していたのかは特定できない。このとき、仮に第2行為によってAが死亡したのであれば、殺人既遂罪（199条）の成立に問題はない。しかし、第1行為によってAが死亡していたのであれば、直ちに殺人既遂罪が成立するとは限らない。なぜなら、Yらは第1行為の時点でAが死亡するとは認識していなかった（殺人の故意がなかったといいうる）からである。

このように、犯人の認識よりも早い時点で結果が発生してしまう場合を「早すぎた結果の発生」という。この場合、Yらについて、殺人の故意がないことにより殺人既遂罪が否定されるようにも思われる。しかし本決定は結論において、たとえ第1行為によりAが死亡していたとしても殺人の故意に欠けるところはないとする[*1]。それでは、本決定は、早すぎた結果の発生に関し、いかなる理由に基づいてYらの殺人

[*1] 「たとえ第1行為によりAが死亡していたとしても」とは、第2行為からの結果発生であれば殺人既遂罪に問題はない、他方、仮に第1行為から結果が発生していたとしても殺人既遂罪である、それゆえいずれにせよ殺人既遂罪成立となる、という趣旨である。そこで問題は、第1行為から結果が発生した場合における殺人既遂罪の肯定の仕方である。

の故意を肯定し，殺人既遂罪を認めたのだろうか。

📖 決定文を読んでみよう

(1)「実行犯3名の殺害計画は，クロロホルムを吸引させてAを失神させた上，その失神状態を利用して，Aを港まで運び自動車ごと海中に転落させてでき死させるというものであって，(1)ⓐ<u>第1行為は第2行為を確実かつ容易に行うために必要不可欠なものであった</u>といえること，ⓑ<u>第1行為に成功した場合，それ以降の殺害計画を遂行する上で障害となるような特段の事情が存しなかった</u>と認められることや，ⓒ<u>第1行為と第2行為との間の時間的場所的近接性</u>などに照らすと，第1行為は第2行為に密接な行為であり，実行犯3名が第1行為を開始した時点で既に殺人に至る客観的な危険性が明らかに認められるから，その時点において殺人罪の実行の着手があったもの」といえる。

(2)「また，実行犯3名は，(2)<u>クロロホルムを吸引させてAを失神させた上自動車ごと海中に転落させるという一連の殺人行為に着手して，その目的を遂げたのであるから，たとえ，実行犯3名の認識と異なり，第2行為の前の時点でAが第1行為により死亡していたとしても，殺人の故意に欠けるところはなく</u>，実行犯3名については殺人既遂の共同正犯が成立するものと認められる。」*2

*2｜その上で，XとYについて共謀共同正犯の成立を認めた。共謀共同正犯については，Ⅶ-1のIntroduction（p.111）参照。

> **⇩ この決定が示したこと ⇩**
>
> まず，ⓐ第2行為に対する第1行為の必要不可欠性，ⓑ第1行為後の障害の不存在，ⓒ第1行為と第2行為の時間的場所的近接性という3つの要素から，第1行為の時点での殺人罪の実行の着手を認めた（決定文(1)）。次に，そうすると実行犯は，第1行為・第2行為という一連の殺人行為に着手して死亡結果を発生させたのだから，殺人の故意に欠けるところはなく，殺人既遂罪が成立するとした（決定文(2)）。

☝ 解説

Ⅰ．「早すぎた結果の発生」の事案処理の仕方

「早すぎた結果の発生」とは，既遂結果を発生させるまでに複数の行為を予定していたが，そのすべてを行う前に結果が生じてしまう場合をいう。結果を発生させる行為をまだその後に予定していたため，実際に結果を発生させる行為を行った時点では，既遂結果を発生させる認識がないということが重要である。本件ではこのような「早すぎた結果の発生」が問題とされた。

このような事例で犯罪の成否を判断するにあたって，本決定は，犯罪の客観面に関し，次の2つの理解を前提にしていると思われる。第1に，実行の着手が認められれば，それ以後の行為は実行行為と評価できるとの理解，第2に，実行行為から結果が発生した場合には既遂犯が成立しうるとの理解である（そのため，実行の着手に至

っていない予備の段階から結果が発生しても，それは未遂にも既遂にもならない）。このような理解に基づけば，本件において，第1行為の時点で実行の着手が認められれば，それ以降は実行行為と解されるのであるから，そこから生じた死亡結果には殺人既遂罪が成立しうることとなる（決定文(1)）。本件で第1行為の時点での実行の着手の存否が問題とされたのはそのためである。

その上で，犯罪の主観面に関し，故意が認められなければならない。本件でYらには第1行為自体から死亡結果が発生するという認識はないけれども，殺人既遂罪が成立するためには，それでも故意はあるとされる必要がある（決定文(2)）。

以下，第1行為の時点において実行の着手および故意がどのようにして認められるのか，それぞれ検討する。

Ⅱ．実行の着手の存否判断

実行の着手が肯定されるためには，構成要件該当行為を開始またはそれに密接する行為を行い（密接性），既遂に至る客観的な危険性が発生したこと（危険性）が必要とされる[*4]。この点，本決定は，第1行為（クロロホルムを吸引させて失神させる行為）は第2行為（海中に転落させる行為）を確実・容易に行うために必要不可欠であったこと（ⓐ必要不可欠性），第1行為が成功すれば，その後，結果を発生させるまでに障害が存在しなかったこと（ⓑ障害の不存在）[*5]，本件では第1行為と第2行為は，場所的には2kmほど離れており，時間的には2時間ほど開いているが，本件の状況にかんがみて時間的・場所的に近接しているといえること（ⓒ時間的場所的近接性）を認めた。こうしたⓐⓑⓒの3要素の存在（Point-1）に基づいて密接性と危険性の存在が肯定され，第1行為の時点での実行の着手が認められた[*6]。ⓐⓑⓒの3要素は，密接性・危険性のどちらかひとつのみと関連するものではなく，それぞれが密接性・危険性の両方の存在を肯定する要素として機能するものと理解される。

Ⅲ．故意の存否と因果関係の錯誤

故意に関し，たしかにYらには第1行為自体からAが死亡するとの認識はない。しかしそれだけでは故意は否定されない。なぜなら，第1行為の時点で実行の着手が認められたのであれば，第1行為と第2行為は全体として1個の殺人の実行行為であるといえ，Yらは第1行為の開始時点で，一連の殺人行為（実行行為）によってAを殺害するという意思を有していたことになるからである（Point-2）。

他方，Yらは第2行為によってAを死亡させるという認識を有していたが，実際にはAは第1行為によって死亡していた可能性がある。そうだとすれば，それは，認識した因果経過と現実の因果経過に相違があるという因果関係の錯誤にあたる。しかしそれによってもYらの故意は否定されない。なぜなら，因果関係の錯誤については，認識した事実と現実に発生した事実とが同一構成要件に属しているため，故意は否定されないとされるからである[*7]。

本決定において第1行為の時点での故意が肯定されたのも，こうした理解によるものと思われる。

[*3] 予備
犯罪実行の準備段階の行為。計画的犯行であれば犯罪は陰謀・予備・未遂・既遂の経過をたどる。既遂に至って処罰されるのが原則であるが，処罰規定が存在する場合には例外的に処罰の前倒しがなされる。予備を処罰する規定として，殺人予備罪（201条），現住建造物等放火予備罪（113条）等がある。

[*4] 実行の着手については［判例35］も参照。本件では殺害行為といえる段階よりも前倒しして実行の着手が認められることになるから，特に密接性が認められることが必要となる。

[*5] 事後の障害の不存在については，「結果発生の自動性」と表現されることもある。

[*6] 名古屋高判平成19・2・16判タ1247号342頁では，第1行為として被害者に自動車を衝突させて転倒させ，第2行為として包丁で刺して殺害するという計画を立てた上で，第1行為に及んだ事例について，第1行為の時点で実行の着手が肯定された。

[*7] ［判例29］*2, ［判例24］参照。

 未遂犯

2

Introduction

Contents
V-1 不能犯と実行の着手
ココ! V-2 中止犯

中止犯

Xは，殺意を持ってナイフでAの腹部を刺したところ，大量の血が吹き出したのを見て驚くとともに，Aが「助けてください」と泣き叫んだことから，大変なことをしたと反省し，救急車を呼んでAを病院に搬送した。その結果，Aは一命をとりとめた。この事例では死亡結果が発生していないため殺人罪の未遂にあたるが，通常の未遂犯の場合とは異なり，中止犯の成立が認められ，以下で示すような特別な法的効果が与えられる。それでは，なぜこうした規定があるのか，そして中止犯はどのような場合に認められるのか。以下でみていくことにしよう。

（未遂減免）
43条　犯罪の実行に着手してこれを遂げなかった者は，その刑を減軽することができる。ただし，自己の意思により犯罪を中止したときは，その刑を減軽し，又は免除する。

1．中止犯の規定の内容

43条本文の未遂犯と同条ただし書の中止犯では法的効果が異なる。[*1] 未遂犯の法的効果が刑を減軽**できる**にすぎないのに対し，中止犯の法的効果は刑を減軽または免除**する**というものである。中止犯では，①刑の免除がある点，②刑の減軽・免除が必ず行われる点において，未遂犯よりも特典性が高い。すでに犯罪行為は行われてしまったが，せめて既遂に至ることを回避させるため，刑の減軽・免除を約束することで犯人自身による犯罪の中止を促そうとするのが中止犯の規定である。

2．中止犯の成立要件

中止犯が成立するには，第1に，「中止した」というために，中止行為が必要である。たとえば，エンピツくんが挙げた事例のように自ら救急車を呼ぶのではなく，付近の通行人に被害者を刺した旨だけ告げて立ち去った場合に中止犯は認められるだろうか［→判例37］。第2に，「自己の意思により」中止したというために，中止行為の任意性が必要である。しかしこれは，単に自分の意思でやめればよいのではなく，中止犯の特典に見合った限定的理解が必要である。たとえば，エンピツくんの事例のように反省から犯行をやめたのではなく，大量の血が飛び散ったため気持ちが悪くなり犯行をやめた場合に，それは「自己の意思により」中止したというべきだろうか［→判例38］。このようにして，いかなる場合に中止犯が認められるのかが問題となる。

*1｜43条本文とただし書

未遂犯には，同条本文に定める狭義の未遂犯と，同条ただし書に定める中止犯がある。中止犯は中止未遂ともいい，中止未遂とは区別された狭義の未遂犯を障害未遂ともいう。

37 中止犯（1）

結果防止行為と真摯な努力

大審院昭和12年6月25日判決（刑集16巻998頁）

事案をみてみよう

被告人Ｘは、実父Ａら家族と同居していたが、Ｘ自身の不祥事を原因としていさかいが生じたためＡらが家から逃げ出したこと等に腹を立て、Ａらが住居として使用する木造家屋に放火をして焼損させようと決意して、Ａらのいない間に、同家屋の土間に積み重ねてあった枯れ枝の束にマッチで火をつけ放火をした。その後、Ｘは、直ちに同家屋を離れたが、その裏手に住むＢの家の前に差しかかったとき、屋内より炎上する火勢を見て、にわかに恐怖心が生じ、Ｂに対し「放火したのでよろしく頼む」と叫びながら走り去った。Ｂが直ちに現場に駆けつけ消火をしたため、結果的に枯れ枝の束の一部を焼損したにとどまり、Ａの家屋の焼損には至らなかった（現住建造物放火未遂罪〔112条〕）。

読み解きポイント

Ｘは建物に放火をした後、恐怖心を抱いて、隣人のＢに「よろしく頼む」と伝えて立ち去り、Ｂらによる消火活動により建物は焼損を免れた（未遂にとどまった）。本件では、「よろしく頼む」と言って立ち去る行為に中止犯（43条ただし書）が認められるのかが問題となる。

中止犯といえるためには、条文に「中止したとき」とあるように、中止行為の存在が必要であるが、そのまま放置すれば既遂（建物の焼損）に至りうる本件のような場合には、結果の発生を防止する行為を積極的に行うことが必要である。本件では「よろしく頼む」と伝えただけであったが、それは中止犯の成立に必要とされる結果防止行為というに足るものであろうか。結論において本判決はそれを否定したのであるが、いかなる理由に基づいてそれを否定したのかに注目して読み解こう。

判決文を読んでみよう

「刑法第43条但書に所謂中止犯は、犯人が犯罪の実行に着手したる後、其の継続中、任意に之を中止し若は結果の発生を防止するに由り成立するものにして、<u>結果発生に付ての防止は必ずしも犯人単独にて之に当るの要なきこと勿論なりと雖、其の自ら之に当らざる場合は少くとも犯人自身之が防止に当りたると同視するに足るべき程度の努力を払うの要あるものとす</u>。今本件を観るに、原判決の確定したる事実に依れば、被告人は本件放火の実行に着手後、逃走の際、火勢を認め遽に恐怖心を生じ、判示Ｂに対し、放火したるに依り宜敷頼むと叫びながら走り去りたりと云うに在るを以て、

---

*1│中止犯の法的効果

43条本文にいう狭義の未遂犯（障害未遂）では、その法的効果が刑を減軽できる（任意的減軽）とされるにとどまるのに対し、同条ただし書にいう中止犯（中止未遂）の法的効果は刑を減軽または免除する（必要的減免）というものである。中止犯の場合には、①刑の免除があること、②その減軽・免除を必ず行うことに特徴がある。

*2

これに対して、既遂に至る危険性がそれ以降の法益侵害行為の継続にのみかかっており、放置しても、それだけでは既遂に至らない場合には、そこでの中止行為は、それ以降、侵害行為に出ないという単なる不作為で足りる。

被告人に於て放火の結果発生の防止に付、自ら之に当りたると同視するに足るべき努力を尽したるものと認むるを得ざるが故に被告人の逃走後、該B等の消火行為に依り放火の結果発生を防止し得たりとするも、被告人の前示行為を以て本件犯罪の中止犯なりと認むるを得ず。」

> **↓ この判決が示したこと ↓**
>
> 中止犯における結果防止行為は、犯人が単独でそれを行う必要はないけれども、自分で行わない場合には、犯人自身が防止にあたったのと同視できる程度の努力を行っている必要があるとの一般論を述べた上で、本件ではそうした努力を行ったとは認められないとして中止犯の成立を否定した。

解説

Ⅰ. 他人の助力を得た場合における結果防止行為

中止犯の成立が認められる結果防止行為は、必ずしも犯人が単独で行う必要はないが、他人の助力を得てそれを行い結果の発生が防止されたときには、どの程度の行為を犯人自身が行った場合に中止犯の成立を認めてよいのかが問題となる。中止犯の効果である必要的減免は、犯人自身の行為に対して与えられるものだからである。これについて本判決は、他人の助力を得て結果の発生を防止した場合には、犯人自身が防止にあたったのと同視できる程度の努力を行っている必要があるとしたのである。

Ⅱ. 「真摯な努力」について

学説の中にはこの判示を「真摯な努力」を必要としたものと理解し、それを反省等の情を含む努力の真摯性を意味するものとする見方もある。実際、殺害を目的に被害者を刺した被告人が被害者を病院に搬送し死亡結果の発生を防止した事例について、被告人自身が犯人は自分ではないと言っていたこと、使用した凶器を川に投棄していたこと等に着目して、「真摯な努力」を認めるには足りないとして中止犯の成立を否定した裁判例もある。しかし現在の学説では、そうした主観的な反省の情を加味して中止犯の成立を制限することを批判し、結果の発生を防止するために適切な努力をしていれば足りるとする見解が多数である。裁判例にも、結果の発生を防止する措置について、「最善の措置」、「有効適切なもの」であったと評価して中止犯の成立を認めたものがある。

本件においてXは炎上する状況を見たのであるから、単に隣人に「よろしく頼む」と依頼して立ち去ったのでは結果防止行為を行ったというには不十分である。他人に消火を依頼した場合でも、たとえばその場にいて、十分な消火活動がなされているかを確認し、もし不十分であれば自らも消火活動に加わることができるように、あるいは、さらなる助力を依頼しにいくことができるように備える必要があったと思われる。

*3 | 現代語訳
「結果発生についての防止は、必ずしも犯人が単独でこれを行う必要がないのはもちろんそうだとしても、それを自ら行わない場合には、少なくとも犯人自身が防止にあたったのと同視するに足りる程度の努力を行う必要があるものとする」。

*4 |
*1参照。

*5 |
大阪高判昭和44・10・17判タ244号290頁。

*6 |
東京地判昭和40・12・10下刑集7巻12号2200頁。

*7 |
放火の事案で、「結果発生を防止したと同視し得る行為と認めるに足りない」として中止犯の成立を否定したものとして、東京高判平成13・4・9高刑速(平13)号50頁(百選Ⅰ-71)。

38 中止犯（2）

中止行為の任意性

福岡高裁昭和61年3月6日判決（高刑集39巻1号1頁）　　▶百選Ⅰ-69

事案をみてみよう

被告人Xは，殺意を持ってA女の頸部（首）を果物ナイフで突き刺したが，その直後，Aが大量の血を口から吐き出し，呼吸のたびに血が流れ出るのを見て，驚愕すると同時に大変なことをしたと思い，直ちにタオルをAの頸部にあてて血が吹き出ないようにしたり，Aに「動くな，じっとしとけ。」と声をかけたりなどした上，消防署に電話をかけ，傷害事件を起こした旨を告げて救急車の派遣と警察署への通報を依頼した。その後，Xは，Aを励ましたりしながら救急車の到着を待ち，救急車が到着するや消防署員とともにAを担架に乗せて救急車に運び込み，駆けつけた警察官に，Aの首筋をナイフで刺した旨を自ら告げてその場で現行犯逮捕された。Aは刺傷により失血死や窒息死の危険があったものの，医師の措置により死亡には至らなかった。

*1｜中止犯
未遂犯のうち，「自己の意思により犯罪を中止」して既遂に至らなかったときには中止犯の成立が認められ，その法的効果は必要的減免である（Introduction〔p.103〕，〔判例37〕*1も参照）。

読み解きポイント

Xは殺意を持ってAに傷害を負わせた後，結果の発生を防止する行為を自ら行い，それによって殺人は未遂にとどまった。ここでは中止犯（43条ただし書）の成否が問題となるが，それが認められるためには，たとえ犯人自身の行為によって犯罪が既遂に至らなかったのだとしても，あくまで「自己の意思により」犯罪を中止したといえなければならない（中止行為の任意性）。本件で，XはAの出血等の状況を見て驚愕して，それをきっかけに犯罪をやめているが，そこに任意性は認められるだろうか。本判決は任意性を肯定したが，その理由に注目して読み解こう。

判決文を読んでみよう

中止犯（中止未遂）における「『自己の意思に因り』」とは，外部的障碍〔障害〕によってではなく，犯人の任意の意思によってなされることをいうと解すべきところ，……中止行為が流血等の外部的事実の表象を契機とする場合のすべてについて，いわゆる外部的障碍によるものとして中止未遂の成立を否定するのは相当ではなく，⑴外部的事実の表象が中止行為の契機となっている場合であっても，犯人がその表象によって必ずしも中止行為に出るとは限らない場合に敢えて中止行為に出たときには，任意の意思によるものとみるべきである」。「本件犯行が早朝，第三者のいない飲食店内でなされたものであることに徴すると，被告人が自己の罪責を免れるために，Aを放

置したまま犯行現場から逃走することも十分に考えられ，通常人であれば，本件の如き流血のさまを見ると，被告人の前記中止行為と同様の措置をとるとは限らないというべきであり，また，……被告人は，Ａの流血を目のあたりにして，驚愕すると同時に，『大変なことをした。』との思いから，同女の死の結果を回避すべく中止行為に出たものであるが，(2)本件犯行直後から逮捕されるまでにおける被告人の真摯な行動やＡに対する言葉などに照らして考察すると，『大変なことをした。』との思いには，本件犯行に対する反省，悔悟の情が込められていると考えられ，以上によると，本件の中止行為は，流血という外部的事実の表象を契機としつつも，犯行に対する反省，悔悟の情などから，任意の意思に基づいてなされたと認めるのが相当である。」

⬇ この判決が示したこと ⬇

たとえ犯人が外部的事実を認識したことをきっかけに犯罪を中止したとしても，一般に犯人がそれを認識したからといって必ずしも犯罪を中止するとは限らないといえる場合に，あえて犯罪を中止したといえるのであれば，中止行為の任意性が認められるとし(Point-1)，本件では，通常人であれば必ずしも本件の被告人と同様の中止行為を行うとは限らないから，被告人の中止行為に任意性を認めた。またその際，被告人が犯行に対する反省，悔悟の情から中止行為を行った点もあわせて考慮した(Point-2)。

解説

Ⅰ．任意性の判断基準

学説では中止行為の任意性の判断基準について，①犯人の主観において，「できるのにやめた」のか，「できないからやめた」のかを基準とし，「できるのにやめた」といえる場合に任意性を認める見解（主観説），②中止にあたって犯人の認識した事情が経験上一般に犯行の障害となるものか否かを基準とし，一般には犯行の障害となるものではないのに犯罪を中止した場合に任意性を認める見解（客観説），③反省・悔悟等の感情に基づいて犯罪を中止した場合に任意性を認める見解（限定主観説）がある。

判例では，中止にあたって犯人の認識した事情が一般に犯行の障害となりうるものであるとして任意性を否定するものがあり，この点では，客観説の基準によって任意性の有無が判断されていると思われる。もっとも，そうした判例は，あわせて当該犯行の中止が悔悟の念から出たものではないことも認めており，限定主観説の基準も用いる。すなわち二元的な基準で判断が行われている。

Ⅱ．本判決の意義

本判決は，任意性判断の一般論としては客観説の基準を示した。ただ，そのあてはめにおいては，犯行を中止する契機となったＡの流血という事情が一般に中止行為をとらせるものではないとしつつ，同時に，反省・悔悟の情から犯行を中止したことも認めている。つまり本判決は，これまでの判例と同様に二元的な基準で任意性の有無を判断し，本件ではそれを肯定したものといえる。

*2 | 最判昭和24・7・9刑集3巻8号1174頁（被告人が被害者の陰部に指を挿入し，その指から手首にかけて付着した血に驚愕して犯行を中止した事案），最決昭和32・9・10刑集11巻9号2202頁（被害者の頭を野球バットで殴り死亡させたと思っていたところ，しばらくして被害者が痛みに苦しむ姿を目撃して驚愕・恐怖して殺害の継続をやめた事案）参照。

1. 不能犯

［判例 34］で触れた福岡高判昭和28・11・10高刑判特26号58頁は、「警察官が勤務中……着装している拳銃には、常時たまが装てんされているべきものであることは一般社会に認められている」として、具体的危険説に基づき（不能犯を否定し）未遂犯を認めた。［判例34］で客観的危険説と具体的危険説を併用する裁判例として挙げた岐阜地判昭和62・10・15判タ654号261頁（百選Ⅰ-68）は、天然ガスによる殺人未遂の事案に関し、天然ガスには一酸化炭素が含まれないため中毒死のおそれはないが、ガス爆発の危険性および酸素濃度が低下し窒息死する危険性はあったとし、さらに一般人は天然ガスの漏出は死亡を引き起こす危険な行為と認識していることに基づいて、（不能犯を否定し）未遂犯を認めた。被害者を日本刀で突き刺した時点では被害者が他の犯人の銃撃によりすでに死亡していた事案に関し、広島高判昭和36・7・10高刑集14巻5号310頁（百選Ⅰ-67）は、日本刀で突き刺した時点での被害者の生死は専門家の鑑定でも見解が分かれる微妙な案件であるから、一般人もその死亡を知りえなかったとして、（不能犯を否定し）未遂犯を認めた。ここでは事後的な科学的評価を前提に一般人の危険感が肯定された。

2. 実行の着手

(1) 窃盗罪 窃盗罪（235条）の実行の着手時期については、土蔵内の品物を窃取しようとした事案では、壁の一部を破壊して土蔵に侵入しようとした時点で実行の着手が認められている（名古屋高判昭和25・11・14高刑集3巻4号748頁）。もっとも、住居侵入窃盗の事案では、窃盗の目的で他人の住居に侵入しただけでは実行の着手は認められず、さらに、物色する行為、あるいは金品に近寄る行為があって実行の着手が認められる（東京高判昭和24・12・10高刑集2巻3号292頁、最決昭和40・3・9刑集19巻2号69頁〔百選Ⅰ-62〕）。この結論の違いについては、土蔵のような建物の場合にはその内部に人がおらず財物のみがあるため、侵入しようとした時点で窃取の危険が認められるからとされる。

(2) 放火罪 放火罪（108条以下）は、放火をして建造物等が焼損したときに既遂となる。同罪の実行の着手は、基本的に建造物等の客体または媒介物に点火したときに認められる。もっとも、必ずしも点火行為をしていなくても、たとえばガソリンをまいた上で点火することを企図していたところ、点火の前に火気がガソリンに引火して出火した事案については、ガソリンをまいた時点で実行の着手が認められている（つまり「早すぎた結果の発生」〔［判例 36］参照）の事案であり、放火既遂罪となる。横浜地判昭和58・7・20判時1108号138頁）。

(3) 離隔犯 行為と結果との間に時間的・場所的に間隔がある場合を「離隔犯」という。この場合、実行の着手は、行為の時点ではなく、既遂に至る危険が発生したときに認められる。たとえば、毒入りの砂糖で被害者を殺害することを企図して毒入りの砂糖を被害者に送付したが、食べる前に被害者が異変に気づいたために死亡しなかった事案について、判例は、毒入り砂糖を送付した時点ではなく、それを被害者が受領した時点で実行の着手を認める（大判大正7・11・16刑録24輯1352頁〔百選Ⅰ-65〕）。

3. 中止犯における中止行為

中止行為の存否に関し、他人の助力を得て結果の発生を防止した場合には、犯人自身が防止にあたったのと同視できる程度の努力を行っている必要があるとされる（［判例 37］参照）。これについて、東京高判平成13・4・9高刑速（平13）号50頁（百選Ⅰ-71）は、アパートの自室に放火した後、炎の上に燃えていない衣類をかぶせて手で押さえつけただけで、それ以上の消火活動をせず、また、119番通報はしたけれども断片的内容を一方的に伝えるにとどまり、アパートの外に逃れる際にも、他の居住者に消火の助力を求めることもせず、119番通報以外は消火活動に寄与しなかった被告人について、「結果発生を防止したと同視し得る行為」とは認められないとして中止行為を否定した。

なお、中止行為が認められるためには、それ以降の犯行をやめるだけで足りるのか、積極的な結果防止行為に出る必要があるのかという問題に関する裁判例として、東京高判昭和62・7・16判タ653号205頁（百選Ⅰ-70）がある。

Chapter VI 共犯

本章で学ぶこと

1. 共犯の類型と間接正犯
2. 共犯の諸問題（1）
3. 共犯の諸問題（2）

これまでのChapterでは，犯人は1人であることが前提であった。刑法の条文をみても，殺人罪（199条）や窃盗罪（235条）がそうであるように，犯罪のほとんどは単独で行われることを予定している。しかし，実際の事件をみると，犯人が複数いる場合は少なくない。そこで，複数の者が犯罪に関与した場合の取扱いを別に定めておく必要がある。それが共犯の規定である。

刑法は，共犯を，どのように犯罪に関与したかに応じて，共同正犯（60条），教唆犯（61条1項），幇助犯（従犯）（62条1項）という3つの類型に分け，異なる取扱いをしている。そこで，複数の者が犯罪に関与した場合については，各関与者がどの類型にあたるか，あるいは，いずれにもあたらないかを判断する必要がある。また，その前提として，各類型の成立要件を明らかにしておく必要がある。たとえば，共同正犯については，「2人以上共同して犯罪を実行した者」と規定されているが，自ら実行行為を行わない者も共同正犯になりうるのだろうか。なりうるとして，それはどのような場合だろうか。これが共謀共同正犯の問題である。

本章では，共犯の類型に関わる問題として，共謀共同正犯と共犯の因果性を取り上げた後，関連する問題として間接正犯を扱う（VI-1）。また，共犯の諸問題として，共犯と錯誤，共犯と身分，共犯関係の解消，承継的共犯などを取り上げる（VI-2, VI-3）。

Contents

I　罪刑法定主義
II　構成要件該当性
III　違法性
IV　責任
V　未遂犯
ココ！ VI　共犯

 共犯

1

Introduction

Contents
 Ⅵ-1 共犯の類型と間接正犯
Ⅵ-2 共犯の諸問題(1)
Ⅵ-3 共犯の諸問題(2)

共犯の類型と間接正犯

> お腹をすかせたXに対し，友人Yが「そこのコンビニでパンでも万引きしてこいよ」とアドバイスしたため，Xは万引きを決意し，パンを万引きした。この場合，万引きを実行したXには窃盗罪（235条）が成立する。では，Xに万引きを決意させたYはどうか。あるいは，Xが万引きをするとき偶然そばにいた友人Zが，万引きしたパンを隠すかばんをXに貸した場合，Zはどうなるだろう。Xが友人Wを誘って2人で一緒にパンを万引きした場合，Wはどうか。これらの疑問に答えるのが共犯の規定であり，これがここでのテーマだ。
>
> また，ここでは，間接正犯も扱う。これまでのChapterに登場した犯人たちは，自らの手で犯罪を実現していた。これに対し，自ら手を下すのではなく，他人を道具として利用して犯罪を実現する場合を間接正犯という。たとえば，Xが4歳の息子にパンを万引きさせて自分のものにした場合，Xには窃盗罪の間接正犯が成立する。では，他人を道具として利用したといえるのはどのような場合だろうか。これについても学んでみよう。

（共同正犯）
60条 2人以上共同して犯罪を実行した者は，すべて正犯とする。
（教唆(きょうさ)）
61条 ① 人を教唆して犯罪を実行させた者には，正犯の刑を科する。
（幇助(ほうじょ)）
62条 ① 正犯を幇助した者は，従犯とする。

1．共犯の類型

　エンピツくんが挙げるX〜Wの事例のように，犯罪に複数の者が関与することは少なくない。この場合のルールを定めたのが60条以下の共犯規定である。そこには，共同正犯（60条），教唆犯（61条1項），幇助犯（従犯）（62条1項）という3つの類型がある。

　共同正犯とは，「2人以上共同して犯罪を実行した」場合であり，エンピツくんの事例でいうと，一緒にパンの万引きを実行したXとWがこれにあたる。この場合のXとWは「すべて正犯」として扱われる。これは，XとWが等しく窃盗罪の犯人，つまり正犯として扱われるという意味である。正犯とは，さしあたり，犯罪の主役と

理解しておこう。

　教唆犯とは，「人を教唆して犯罪を実行させた」場合をいう。「教唆」とは，他人に犯罪を実行する決意を生じさせることをいう。そして，この他人が犯罪の実行を決意して実際に犯罪を実行すれば，教唆した人には教唆犯が成立する。エンピツくんが挙げたYは，まさに窃盗罪の教唆犯である。教唆犯は，犯罪の主役ではなく脇役にすぎないから正犯ではないが，「正犯の刑」が科される。

　幇助犯（従犯）とは，正犯を「幇助した」場合に成立する。「幇助」とは，正犯が犯罪を実行するのを容易にすることをいう。エンピツくんの事例でいえば，Xの万引きを手助けしたZの行為がこれにあたり，Zには窃盗罪の幇助犯が成立する。幇助犯の刑は，「正犯の刑を減軽する」ことになっている（63条）。

2. 共謀共同正犯

　共同正犯は，複数の者が共同して犯罪を実行した場合に成立するが，判例によれば，実行行為は必ずしも全員が行う必要はない。たとえば，暴力団の組長が組員に殺人を命じ，この組員が殺人を実行した場合，殺人を実行していない組長にも殺人罪（199条）の共同正犯が成立する。このように実行行為を行わない共同正犯を共謀共同正犯という。

　共同正犯の成立には犯罪の遂行についての意思連絡が必要であるが，この点は共謀共同正犯も変わらない。また，共謀共同正犯も正犯である以上，それにふさわしい性質，つまり正犯性が備わっていなければならない。問題は，どのような場合に正犯性が認められるかである〔→判例39，判例40〕。

3. 共犯の因果性

　共犯も，単独犯と同様，結果を生じさせたことについて責任を問われる。そうである以上，共犯の成立にも因果関係が必要である。これを共犯の因果性という。ただ，共犯の因果性の内容は，単独犯のそれと全く同じというわけではない。では，どんな内容なのだろうか〔→判例41〕。

4. 間接正犯

　犯罪は，素手で人を殴り殺す場合のように道具を使わずに実現されることもあれば，包丁で刺し殺す場合のように道具を使って実現されることもある。道具は，猛犬をけしかけて人を負傷させる場合のように生き物の場合もある。そして，道具として利用される生き物は人間の場合もありうる。エンピツくんの事例に登場する，万引きの道具として利用された4歳の息子がそうである。このように他人を道具として一方的に利用・支配して犯罪を実現する場合を間接正犯という。間接正犯が成立する典型的なケースは，他人が①是非弁別能力（物事の良し悪しを判断する能力）を欠く場合，②意思を抑圧されている場合〔→判例42〕，③犯罪の故意を欠く場合である。エンピツくんの事例は，①の場合である。

---

*1　正犯の厳密な定義については争いがある。伝統的には「実行行為を行った者」と定義されてきたが，現在では，後述の共謀共同正犯を含めるために，「犯行において重要な役割を果たした者」と定義されることが多い。

*2　エンピツくんの事例でいえば，正犯であるXと同様，Yにも窃盗罪の法定刑（10年以下の懲役または は50万円以下の罰金）の範囲内で刑が科されるということである。

*3　エンピツくんの事例でいえば，正犯であるXと異なり，Zには窃盗罪の法定刑の半分以下の範囲内で刑が科される。刑が半分以下になることは，68条に定められている。

*4　これに対し，実行行為を行う共同正犯を，共謀共同正犯と区別して実行共同正犯という。

*5　間接正犯が成立しない場合

他人を道具と評価できず，間接正犯が成立しない場合には，その他人との共犯関係（共同正犯や教唆犯の成否）が問題となりうる（間接正犯の成立を否定し，共謀共同正犯の成立を肯定したものとして，最決平成13・10・25刑集55巻6号519頁がある）。

39 共謀共同正犯（1） 大麻密輸入事件

最高裁昭和57年7月16日決定（刑集36巻6号695頁） ▶百選 I-77

事案をみてみよう

被告人Xは，昭和55年9月末頃，かつてともにタイ国から大麻を持ち帰ったことのあるAから再び大麻密輸入の計画を持ちかけられた。Xは，大麻を入手したい欲求にかられ，Aに対し，自らは執行猶予中の身であるから，その実行を担当することはできないと述べてAの申し出を断わるとともに，代わりの人物を紹介することを約束した。Xは，同年10月上旬頃，知人のBに上記事情を明かして協力を求めたところ，Bもこれを承諾したので，BをAに引きあわせ，さらに，その頃Aに対し大麻密輸入の資金の一部として金20万円を提供するとともに，大麻を入手したときにはこの金額に見合う大麻をもらい受けることをAと約束した。一方，Aは，知人のCを誘い，Bを交えて協議した末，Cがタイ国現地における大麻の買付け役，Bがこの大麻をタイ国から日本国内に持ち込む運び役とそれぞれ決めた上，B，Cの両名が同月23日タイ国へ渡航し，大麻の密輸入を実行した。

読み解きポイント

大麻の密輸入を実行したBとCに大麻の密輸入の共同正犯（60条）が成立することは明らかである。問題は，密輸入の実行行為を全く分担しなかったXに本罪の共謀共同正犯が成立するかである。

共謀共同正犯の成立には，実行共同正犯の場合と同様，犯罪の遂行についての意思連絡が必要である。また，共謀共同正犯も正犯である以上，さらに正犯性（正犯＝犯罪の「主役」と評価できる実質を備えていること）が必要であり，これが認められなければ，幇助犯（62条1項）が成立するにとどまる。本件では，Xと実行担当者Bらとの間に大麻の密輸入についての意思連絡があったことは明らかである。問題は，正犯性を肯定できるかである。

本決定は，Xに正犯性を認め，大麻の密輸入の共謀共同正犯が成立するとした。本決定は，どのような事実に注目して，Xに正犯性を認めたのであろうか。

決定文を読んでみよう

「被告人は，タイ国からの大麻密輸入を計画したAからその実行担当者になって欲しい旨頼まれるや，大麻を入手したい欲求にかられ，執行猶予中の身であることを理由にこれを断ったものの，知人のBに対し事情を明かして協力を求め，同人を自己の身代りとしてAに引き合わせるとともに，密輸入した大麻の一部をもらい受ける

*1｜
大麻の密輸入は，大麻取締法4条1項・24条と関税法111条により処罰される。本件は，この両者に違反した事案である。

*2｜共謀共同正犯
Introduction（p.111）参照。

*3｜幇助犯（62条1項）
従犯ともいう。「正犯を幇助した者は，従犯」とされ（62条1項），「正犯の刑を減軽する」ことになっている（63条）。ネーミングも刑も共同正犯より軽い。なお，幇助の因果関係につき，〔判例41〕参照。

約束のもとにその資金の一部（金20万円）をAに提供したというのであるから，これらの行為を通じ被告人が右A及びBらと本件大麻密輸入の謀議を遂げたと認めた原判断は，正当である。」

> **↓ この決定が示したこと ↓**
>
> 犯罪の実行担当者を紹介し，資金の一部を提供した者について，犯罪の利益を得たいという動機から，自己の身代わりとして実行担当者を紹介し，犯罪の利益を得るために資金を提供した場合には，共謀共同正犯が成立しうることを示した（共謀共同正犯における正犯性の考慮要素を具体的に示した）。

解説

I．問題の所在

Xは，大麻の密輸入の実行担当者でも首謀者でもない。実行担当者を紹介し，資金を提供したにとどまる。これは，一見，大麻の密輸入の手助け，つまり幇助のようにみえる。問題は，幇助にとどまらず，正犯性が認められ，共謀共同正犯に格上げされないか，という点にある。

II．正犯性

共謀共同正犯の正犯性は，犯罪を遂行する過程において実行行為に準ずる「重要な役割」を果たしたといえる場合，あるいは，犯罪が「他人の犯罪」ではなく「自己の犯罪」であるといえる場合に認められるとされることが多い。その判断は，さまざまな事情を総合的に考慮して行われる。

Xは，大麻の密輸入の実行担当者を紹介したが，それは単なる紹介ではなく「自己の身代わり」の紹介であった。また，Xによる資金提供は，大麻の密輸入に必要な，しかも「大麻をもらい受けるため」のものであった。そして，Xがこれらの行為に出たのは，「自ら大麻を入手したい」という動機からであった。これらの事実からすると，Xは，大麻の密輸入において「重要な役割」を果たしたといえるであろう。また，Xにとって大麻の密輸入が「自己の犯罪」であることも明らかであろう。本件は，上記のいずれの基準からも，共謀共同正犯の正犯性が肯定される事案であったといえる。

III．本決定の意義

本決定は，共謀共同正犯の一般的な成立要件を示すものではないが，その成立が肯定される典型的な事例についてのものであり，本決定で示された正犯性の具体的な考慮要素は，実務上はもちろん，学習上も参考になる。

---

*4
「謀議を遂げた」とあるが，これは，共謀共同正犯が成立するという意味である。この表現は，共謀共同正犯についての指導的判例とされる練馬事件判決（最大判昭和33・5・28刑集12巻8号1718頁〔百選 I -75〕）において「謀議」という言葉が用いられたのを受けたものである。〔判例40〕の解説II参照。

*5
その意味で，本件は，共同正犯と幇助犯の区別が問題となった事案である。この点が問題となったほかの事例として，福岡地判昭和59・8・30判時1152号182頁（百選 I -78）がある。

*6｜正犯性の考慮要素
「重要な役割」を果たしたかどうか，あるいは「自己の犯罪」かどうかは，①関与者間の人的関係（主従関係か，対等な関係か），②謀議への関与の程度（積極的に発言したか），③犯罪の遂行に対する寄与度（必要不可欠な準備行為をしたか，単純な機械的作業をしたにすぎないか），④犯行の動機・意欲（自ら進んで謀議に加わったか，しぶしぶ参加しただけか）などを考慮して判断される。さらに，財産犯罪や薬物犯罪については，実務上，⑤犯罪から得られた利益の帰属（利益の分配）が重視される傾向にある。本件でも，密輸入した大麻をもらい受ける約束をしていた点が，正犯性の重要な根拠とされたと考えられる。

40 共謀共同正犯(2)

スワット事件

最高裁平成15年5月1日決定(刑集57巻5号507頁) ▶百選Ⅰ-76

🔍 事案をみてみよう

　被告人Xは，暴力団の組長であり，Xの下にはスワット[*1]と称される専属のボディガードが複数名いた。スワットは，Xの外出中終始Xと行動をともにし，けん銃を装備してXを警護する役割を担っていた。Xとスワットらとの間には，スワットはXに指示されて動くのではなく，Xの気持ちを酌んで警護の役を果たすものであるという共通認識があった。

　Xは，遊興等の目的で上京することを決め，これを組長秘書見習いAに伝えた。Aは，スワットのBと相談して警護計画を立て，これに基づき，Xが上京した際，Xの乗車する自動車の前後にけん銃を携帯したスワットらが乗車する自動車がついて，隊列を組んで移動した。このとき，けん銃所持が発覚した。

　スワットらは，Xを警護する目的で実包の装塡されたけん銃を所持していたものであり，Xも，スワットらによる警護態様，X自身の過去におけるボディガードとしての経験等から，スワットらがXを警護するためけん銃等を携行していることを概括的とはいえ確定的に認識していた[*2]。また，Xは，スワットらにけん銃を持たないように指示命令することもできる地位，立場にいながら，そのような警護をむしろ当然のこととして受け入れ，これを認容し，スワットらも，Xのこのような意思を察していた。

　本件では，Xにけん銃不法所持罪[*3]の共謀共同正犯[*4]が成立するかが争点となった。

> ### ✅ 読み解きポイント
>
> 　共謀共同正犯の成立には，実行共同正犯の場合と同様，犯罪の遂行についての意思連絡が必要である。また，共謀共同正犯も正犯である以上，正犯性(正犯=犯罪の「主役」と評価できる実質を備えていること)も必要である。[*5]
> 　Xは，スワットらにけん銃所持を直接指示したわけではない。このように明示的な意思連絡がない場合にも，Xに共謀共同正犯が成立するか。本決定は，黙示的な意思連絡があったことなどを理由に，その成立を認めた。Xの正犯性を基礎づける事情にも注目しながら，本決定を読み解こう。

📖 決定文を読んでみよう

「被告人は，……スワットらが自発的に被告人を警護するために本件けん銃等を所

[*1] スワット
「スワット」という名称は，アメリカの警察の特殊部隊SWAT(Special Weapons And Tactics)に由来する。

[*2]
「概括的とはいえ確定的に認識していた」とは，具体的にスワットらのうちの誰がけん銃を所持しているかは認識していないが，スワットらのうちの誰かが必ずけん銃を所持していると認識していた，という意味である。

[*3]
銃砲刀剣類所持等取締法に罰則がある(同法3条1項・31条の3第1項・2項)。

[*4] 共謀共同正犯
Introduction (p.111) 参照。

[*5]
共謀共同正犯の正犯性の判断基準については，[判例39]の解説Ⅱ参照。

持していることを確定的に認識しながら，それを当然のこととして受け入れて認容していたものであり，そのことをスワットらも承知していた」。「前記の事実関係によれば，被告人とスワットらとの間にけん銃等の所持につき黙示的に意思の連絡があったといえる。そして，スワットらは被告人の警護のために本件けん銃等を所持しながら終始被告人の近辺にいて被告人と行動を共にしていたものであり，彼らを指揮命令する権限を有する被告人の地位と彼らによって警護を受けるという被告人の立場を併せ考えれば，実質的には，正に被告人がスワットらに本件けん銃等を所持させていたと評し得るのである。したがって，被告人には本件けん銃等の所持について，……共謀共同正犯が成立するとした第1審判決を維持した原判決の判断は，正当である。」

> **⇩ この決定が示したこと ⇩**
>
> 共謀共同正犯は，意思連絡が黙示的な場合であっても成立しうること，および，本件について，その場合の正犯性の考慮要素を具体的に示した。

解説

Ⅰ．本決定の内容と意義

本決定は，まず，Xがスワットらのけん銃所持を確定的に認識・認容し，そのことをスワットらも承知していたことから，けん銃所持につき黙示の意思連絡があったとした。そして，①スワットらがけん銃を所持して終始Xの近辺で行動をともにしていたこと，②スワットらを指揮命令する権限を有するXの地位，③スワットらの警護を受けるというXの立場を根拠に正犯性を肯定し，Xにけん銃不法所持罪の共謀共同正犯が成立するとした。

これにより，事案によっては黙示の意思連絡しかなくても共謀共同正犯が成立しうることが明らかになった。また，その場合の正犯性の考慮要素が具体的に示された。

Ⅱ．練馬事件との比較

共謀共同正犯についての指導的判例とされる練馬事件判決は，共謀共同正犯の成立には謀議が必要であるとする。謀議は，具体的な指示行為や打合せ等による明示的な意思連絡を意味すると解される。そこで，本件の弁護人は，けん銃所持を具体的に指示しなかったXは謀議をしておらず，Xに共謀共同正犯は成立しないと主張した。しかし，本決定は，その冒頭で，本件は練馬事件と事案が異なるとして，この主張を斥けた。練馬事件は，被告人が犯行時に犯行場所にいなかった事案であるのに対し，本件は，被告人が犯行時に犯行場所で実行行為者と行動をともにしていた事案であり，この点で両者は異なる。本決定は，後者の事案については謀議を必要としない場合があることを示し，練馬事件判決の射程を画したといえる。

*6｜けん銃所持についての認識が確定的なものでなければならないかは，事案による。Xは，スワットらのうちの誰がけん銃を所持しているかを認識しておらず，そのうちの誰かが所持しているとしか認識していなかったので，その認識が確定的なものであること（スワットらのうちの誰かが「必ず」所持していると認識していたこと）に重要な意味があった。しかし，事案によっては，けん銃所持の「認識」で足りるとされる場合もある（最判平成21・10・19判タ1311号82頁。なお，未必的な認識で足りるとされた事例として，廃棄物処理法違反事件に関する最決平成19・11・14刑集61巻8号757頁がある）。

*7｜Xとスワットらとの間の意思連絡は黙示のもので緊密ではなかったが，①〜③の事実から，Xがスワットらのけん銃所持に対して現場で強い影響力を及ぼしていたといえる。そのため，正犯性が肯定されたと考えられる。

*8｜練馬事件
最大判昭和33・5・28刑集12巻8号1718頁（百選Ⅰ-75）。そこでは，「共謀共同正犯が成立するには，2人以上の者が，特定の犯罪を行うため，共同意思の下に一体となって互に他人の行為を利用し，各自の意思を実行に移すことを内容とする謀議をなし，よって犯罪を実行した事実が認められなければならない」とされた。

41 幇助の因果性

宝石商殺害事件

東京高裁平成2年2月21日判決（判タ733号232頁）　▶百選Ⅰ-86

事案をみてみよう

Yは、宝石商Aから預かっていた宝石類の返還を免れるために、Aをビルの地下室で射殺する計画を立てた。その際、被告人Xは、けん銃音が外部に漏れないようにするために、地下室入口戸の周囲のすき間等をガムテープで目張りするなどした（目張り行為）。その後、Yは、計画を変更し、走行中の自動車内でAを射殺して宝石類の返還を免れるという強盗殺人を行ったが、その際、Xは、Yから暗に同行を求められて、別の自動車でYの自動車の後を追い、殺害現場に至った（追従行為）。Yは、Xの目張り行為を認識していなかったが、追従行為は認識し、心強く感じていた。

第1審は、Xの追従行為だけでなく、目張り行為についても、強盗殺人罪の幇助犯が成立するとした。

読み解きポイント

通説によれば、自己の行為と因果関係のない結果について共犯は成立しない。判例も、同様の理解を示している。幇助犯についていえば、幇助の因果関係、すなわち、幇助行為が正犯の実行行為と結果に対して物理的または心理的な因果性を及ぼしたことが必要になる。

このような理解に従った場合、Yが心強く感じたXの追従行為については、Yの強盗殺人に対する心理的因果性が認められるので、幇助犯が成立する。この結論は、第1審と本判決とで異ならない。では、目張り行為はどうか。これについて、本判決は、第1審と異なり、幇助犯の成立を否定した。それはなぜか。この点に注目しながら、本判決を読み解いてみよう。

判決文を読んでみよう

本判決は、追従行為については幇助犯の成立を肯定したが、目張り行為については、次のように述べて、幇助犯の成立を否定した。

「Yは、現実には、当初の計画どおり地下室で本件被害者を射殺することをせず、同人を車で連れ出して、地下室から遠く離れた場所を走行中の車内で実行に及んだのであるから、被告人の地下室における⁽¹⁾目張り等の行為がYの現実の強盗殺人の実行行為との関係では全く役に立たなかったことは、原判決も認めているとおりであるところ、このような場合、それにもかかわらず、⁽²⁾被告人の地下室における目張り等

＊1｜強盗殺人

強盗罪は、暴行または脅迫を用いて他人の「財物」を強取した場合（236条1項）だけでなく、「財産上……の利益」を得た場合（236条2項）にも成立する。Yは、Aを殺すという暴行により、宝石類の返還を免れるという「財産上……の利益」を得たので、「強盗」にあたる。そして、「強盗」Yは、Aという「人を……死亡させた」ので、Yには強盗殺人罪（240条後段）が成立する。

＊2｜因果的共犯論

このように考える立場を因果的共犯論（因果共犯論）という。因果的共犯論は、共犯論の諸問題、とりわけ承継的共犯（［判例50］参照）や共犯関係の解消（［判例49］参照）の問題の解決に重要な指針を与えている。

＊3｜

共同正犯について、最決平成24・11・6刑集66巻11号1281頁（［判例50］、百選Ⅰ-82）参照。教唆犯について、最判昭和25・7・11刑集4巻7号1261頁（百選Ⅰ-89）参照。

116

の行為がYの現実の強盗殺人の実行行為を幇助したといい得るには，被告人の目張り等の行為が，それ自体，Yを精神的に力づけ，その強盗殺人の意図を維持ないし強化することに役立ったことを要すると解さなければならない。しかしながら，……Yが被告人に対し地下室の目張り等の行為を指示し，被告人がこれを承諾し，被告人の協力ぶりがYの意を強くさせたというような事実を認めるに足りる証拠はなく，また，被告人が，地下室の目張り等の行為をしたことを，自ら直接に，もしくはBらを介して，Yに報告したこと，又は，Yがその報告を受けて，あるいは自ら地下室に赴いて被告人が目張り等をしてくれたのを現認したこと，すなわち，そもそも被告人の目張り等の行為がYに認識された事実すらこれを認めるに足りる証拠もなく，したがって，⑶被告人の目張り等の行為がそれ自体Yを精神的に力づけ，その強盗殺人の意図を維持ないし強化することに役立ったことを認めることはできないのである。」

この判決が示したこと

幇助犯が成立するためには，幇助の因果関係，すなわち，幇助行為が正犯の実行行為と結果に対して物理的因果性または心理的因果性を及ぼしたことが必要であるところ，目張り行為については，物理的因果性はなく（Point-1），心理的因果性も認められないので（Point-2・3），幇助犯は成立しないとした。

解説

Yには強盗殺人罪が成立するが，Xについては，目張り行為と追従行為をしただけで，Yと強盗殺人を共謀したわけではないから，本罪の共同正犯（60条）は成立しない。また，Yに強盗殺人を教唆したわけでもないから，教唆犯（61条1項）も成立しない。残るは幇助犯（62条1項）である。本件では，特に，Yの計画変更により無駄に終わったXの目張り行為について，幇助犯が成立するかが問題となった。

〔読み解きポイント〕で述べたように，幇助犯の成立には，幇助の因果関係，すなわち，幇助行為が正犯の実行行為と結果に対して物理的または心理的な因果性を及ぼしたことが必要になる。本判決も，このような理解を前提にしていると考えられる。

Xの目張り行為についてみると，それが現実の強盗殺人に物理的に全く役に立たなかったことは明らかである（Point-1）。問題は，心理的因果性を及ぼしたかである。この点，本判決は，目張り行為が「Yを精神的に力づけ，その強盗殺人の意図を維持ないし強化することに役立ったことを認めることはできない」として，心理的因果性を否定した（Point-3）。こうして，目張り行為については，幇助犯の成立が否定された。

＊4｜因果性の意味

「因果性を及ぼした」とは，正犯の実行行為を促進する方向で一定の影響を与えたという意味である。このうち，「物理的」因果性は，物理的な影響のことであり，たとえば，犯行の道具を提供した場合に認められる。「心理的」因果性は，相手の心理に対する影響のことであり，たとえば，激励により正犯の犯意を維持・強化した場合に認められる。

42 間接正犯

12歳の少女の利用

最高裁昭和58年9月21日決定（刑集37巻7号1070頁）　　▶百選Ⅰ-74

事案をみてみよう

被告人Xは，当時12歳の養女Aを連れて四国八十八ケ所巡りの旅を続ける途中，その宿泊費などに窮した結果，Aを利用して巡礼先の寺などから金員を窃取しようと考え，13回にわたり，その都度Aに命じて，現金や菓子などを窃取させた。Aは，頼るべき人もないことからXを嫌いながらも付き従っていたものであり，Xは，Aを学校にも行かせず長期の旅に連れ出したばかりか，日頃から，AがXの言動に逆らう素振りをみせる都度，Aの顔面にタバコの火を押しつけたり，ドライバーでAの顔をこすったりするなどの暴行を加えて，Aを自己の意のままに従わせていた。

✓ 読み解きポイント

犯罪は，素手で人を殴り殺す場合のように，道具なしで実現されることもあれば，けん銃で射殺する場合のように，道具を使って実現されることもある。道具は，猛犬をけしかけて人を殺傷する場合のように，生き物の場合もある。そして，道具として一方的に利用・支配される生き物は，人間の場合もありうる。たとえば，医師が患者を殺すために，毒入り注射器と知らない看護師にそれを渡して注射させ，患者が死亡した場合，医師が看護師を一方的に利用・支配して患者を殺したのであり，医師に殺人罪が成立する。このように他人を道具として一方的に利用・支配して犯罪を実現する場合を間接正犯という。[*1]

では，Aに命じて現金等を窃取させたXに窃盗罪（235条）の間接正犯が成立するであろうか。

*1｜**間接正犯**
間接正犯は，他人の行為を介在させる点で，そうではない直接正犯と区別される。間接正犯は，固有の明文規定がなく，理論的根拠については争いがあるが，判例・通説により認められている。

Point

📖 決定文を読んでみよう

「被告人は，当時12歳の養女Aを連れて四国八十八ケ所札所等を巡礼中，日頃被告人の言動に逆らう素振りを見せる都度顔面にタバコの火を押しつけたりドライバーで顔をこすったりするなどの暴行を加えて<u>自己の意のままに従わせていた</u>同女に対し，本件各窃盗を命じてこれを行わせたというのであり，これによれば，<u>被告人が，自己の日頃の言動に畏怖し意思を抑圧されている同女を利用して右各窃盗を行ったと認められるのであるから，たとえ所論のように同女が是非善悪の判断能力を有する者であったとしても，被告人については本件各窃盗の間接正犯が成立する</u>と認めるべきである。」

> **↓ この決定が示したこと ↓**
>
> 意思を抑圧されている他人を利用して犯罪を行った場合には，その他人が是非弁別能力を有する者であったとしても，間接正犯が成立するとした。

解説

Ⅰ．間接正犯の類型

間接正犯は，他人を道具として一方的に利用・支配して犯罪を実現した場合に成立する。そのような場合として，他人が①是非弁別能力を欠く場合[*2]，②意思を抑圧されている場合[*3]，③犯罪の故意を欠く場合がある。先に挙げた毒入り注射の例は③にあたり，①の例としては，3歳のわが子に命じて万引きをさせる場合がある。そして，②にあたる有名な判例の事案が本件である。

Ⅱ．本件について

Aは，12歳の刑事未成年[*4]とはいえ，是非弁別能力を有しており，窃盗の故意を欠くわけでもない。そこで，本件では，②の場合にあたるかが問題となる。これについて，本決定は，XはAが日頃からXの言動に逆らう素振りをみせる都度Aの顔面にタバコの火を押しつけたりドライバーで顔をこすったりするなどの暴行を加えてAを自己の意のままに従わせていたという事実に着目して，Aは意思を抑圧されていたと認定した。このような認定に基づき，本決定は，Xに窃盗罪の間接正犯が成立するとした。

Ⅲ．刑事未成年の利用

なお，Aは刑事未成年であるが，本決定は，それを理由に間接正犯の成立を認めたわけではない。かつては，刑事未成年の利用を一律に間接正犯とする見解も有力であったが[*5]，この見解は，本決定により否定されたことになる。ただし，刑事未成年であることが直ちに間接正犯成立の根拠にはならないとしても，是非弁別能力や意思の抑圧の有無の判断に影響を与えることはありうる。本件でも，Aが12歳であったことは，意思の抑圧を肯定しやすい方向に働く事情であったといえよう。

---

*2 ｜ 是非弁別能力
物事の良し悪しを判断する能力のことで，本決定では「是非善悪の判断能力」と表現されている。是非弁別能力を欠く者は，犯罪が悪いことだと理解できず，これを思いとどまることができないため，間接正犯の道具となりうる。

*3 ｜ 被害者が利用される場合
被害者が意思を抑圧されて犯罪の道具として利用されることもある（最judgment平成16・1・20刑集58巻1号1頁〔百選Ⅰ-73〕参照）。

*4 ｜ 刑事未成年
14歳に満たない者のこと。責任能力がないとみなされ，責任が阻却されるため，犯罪が成立しない（41条）。本件でも，Aに窃盗罪が成立することはない。

*5 ｜ 刑事未成年の利用と間接正犯
かつては，共犯の成立には正犯に構成要件該当性・違法性・責任のすべてが備わっていることが必要だとする極端従属性説の立場から，刑事未成年を利用する場合には利用者に共犯が成立せず，処罰の間隙が生じるため，一律に間接正犯が成立するとされることがあった。しかし，現在の通説である，共犯の成立に正犯の責任は不要だとする制限従属性説の立場によれば，利用者に共犯が成立しうるので，利用者を間接正犯とする必要はない。そもそも，間接正犯は正犯であり，教唆などの共犯よりも重い類型であるから，共犯の成否より先に間接正犯の成否を検討するのが筋である。このような理解が現在では一般的である。

Introduction

Contents
- Ⅵ-1 共犯の類型と間接正犯
- ココ！ Ⅵ-2 共犯の諸問題（1）
- Ⅵ-3 共犯の諸問題（2）

共犯の諸問題（1）

　XがYに万引きを教唆し，Yが万引きを実行しようとしたところ，店員にみつかったため，Yが店員に殴る蹴るの暴行を加えて商品を強奪した場合，Yに強盗罪（236条1項）が成立することは明らかである。では，Xには何罪の教唆犯が成立するだろうか。この場合，Yが実行したのは強盗罪であるが，Xが教唆したのは万引き，つまり窃盗罪（235条）である。ここに錯誤が生じている。このように，共犯においても，錯誤が問題となることがある。
　錯誤のほかにも，過失犯，身分犯，過剰防衛などが共犯にからんでくることがある。ただでさえ難しいこれらの問題と共犯がからみあうのだから，けっしてやさしくはないが，以下では，これらのテーマに取り組んでみよう。

1. 共犯と錯誤

　エンピツくんが挙げた事例のように，共犯においても錯誤の問題が生じることがあるが，その処理の仕方は，基本的には，単独犯の錯誤の場合と同じである[*1]。たとえば，エンピツくんの事例の場合，Xには重い罪である強盗罪の故意はないから，38条2項により，強盗罪の教唆犯は成立しない。しかし，強盗罪の構成要件と窃盗罪の構成要件は軽い窃盗罪の限度で重なり合っているから，Xには窃盗罪の教唆犯が成立する。
　共同正犯については，共同正犯者間で故意が異なる場合が問題となる。たとえば，Xが暴行の故意，Yが殺人の故意で共同してAに暴行を加えた結果Aが死亡したという場合，何罪の共同正犯が成立するであろうか。判例は，Xについて傷害致死罪（205条）の共同正犯が成立するとしたが，ここでも，殺人罪（199条）の構成要件と傷害致死罪の構成要件が重なり合う限度で軽い傷害致死罪の共同正犯が成立すると説明されている［→判例43］。

2. 過失犯の共同正犯

　共同正犯の成立には，犯罪を行うことについての意思連絡が必要である。では，過失犯にも共同正犯が認められるだろうか。過失というのは，犯罪を意識的に行うものではないから，犯罪を行うという意思連絡はありえず，それゆえ共同正犯が認められないようにも思われる。しかし，判例は，過失犯の共同正犯を認めている。では，それはどのような場合に認められるのだろうか［→判例44］。

[*1] Ⅳ-1のIntroduction（p.62）および［判例24］［判例25］参照。

3. 共犯と身分

　公務員を主体とする収賄罪（197条）のように，一定の身分がなければ成立しない犯罪を身分犯という。では，身分のない者が身分犯に関与した場合，身分のない者はどのように扱われるのだろうか。たとえば，公務員でない X が公務員 Y に収賄を教唆し，収賄が実行された場合，X は，公務員でないのに，収賄罪の教唆犯になるのだろうか。これについては，刑法に規定がある。

> （身分犯の共犯）
> 65条　① 犯人の身分によって構成すべき犯罪行為に加功したときは，身分のない者であっても，共犯とする。
> 　　　 ② 身分によって特に刑の軽重があるときは，身分のない者には通常の刑を科する。

　収賄罪のように，身分のある者が行うことによって初めて犯罪として処罰されるものを真正身分犯（構成的身分犯）という。これに対し，業務上堕胎罪（214条）のように，もともと身分のある者が行わなくても犯罪となる行為を身分のある者が行った場合に，その刑が加重または減軽される身分犯を不真正身分犯（加減的身分犯）という。判例・通説は，65条1項は真正身分犯についての規定，65条2項は不真正身分犯についての規定と解している。これによれば，上の例の X には，65条1項により，収賄罪の教唆犯が成立する。

　身分犯の中には，業務上横領罪（253条）のように真正身分犯と不真正身分犯の両方の性質を持ったものがあり，この場合の処理がさらに問題となる〔→判例 **45**〕。

4. 共同正犯と違法性阻却事由

　共同正犯者のうち，ある者に正当防衛などの違法性阻却事由が認められた場合，他の者にも違法性阻却事由の効果は及ぶであろうか。この問題を正面から扱った判例はないが，過剰防衛の事例について，共同正犯者の1人に過剰防衛が成立したとしても，その効果が他の共同正犯者に及ぶとは限らないとしたものがある〔→判例 **46**〕。

*2｜堕胎については212条以下に処罰規定がある。

*3｜詳しくは，〔判例 **45**〕の〔読み解きポイント〕参照。

*4｜Ⅲ-2 の Introduction（p.40）参照。

*5｜Ⅲ-2 の Introduction（p.41）参照。

43 | 共犯と錯誤

殺人と傷害致死の共同正犯

最高裁昭和54年4月13日決定（刑集33巻3号179頁） ▶百選Ⅰ-90

🔍 事案をみてみよう

　暴力団組長である被告人Ｘ，同組員Ｙら７名は，組の資金源のひとつである風俗営業に関し巡査Ａらが強硬な立入り調査をしたことに憤激し，Ａに暴行，傷害を加える旨を共謀した。この共謀に基づき，Ｘら７名は，派出所前の路上に押しかけて、[*1]Ａに対し挑戦的な罵声・怒声を浴びせ，これに応答したＡの言動に激昂したＹが，未必の殺意をもって，小刀でＡの下腹部を１回突き刺し，Ａを失血死させた。

　つまり，本件は，Ａの死亡に関与したＸら７名のうち，Ｙには殺意があったが，Ｘら６名には軽い罪である暴行・傷害の故意しかなく，殺意はなかったという事案である。

　第１審は，Ｘら７名の行為は 60 条（共同正犯），199 条（殺人罪）に該当するが，Ｙ以外のＸら６名は暴行ないし傷害の意思で共謀したものであるから，38 条 2 項[*2]により 60 条，205 条 1 項（傷害致死罪〔現 205 条〕[*3]）の罪の刑で処断する旨の法令適用をし，控訴審も，これを維持した。

　これに対し，Ｘらは，殺意のないＸら６名に殺人罪が成立するのは疑問であるなどとして上告した。

*1 | 派出所
交番の旧称。

*2 | 38条2項
同項については，Ⅳ-1 の Introduction（p.62）参照。

*3 | Ｘらに傷害「致死」罪？
Ｘら６名がＡに暴行を加えたかどうかは明らかでないが，同人らは，Ａに暴行・傷害を加えることをＹと共謀した以上，Ｙの行為を介してＡを死亡させたと評価される。よって，Ｘら６名も，Ａの死亡について刑事責任を負うことになる。

*4 |
故意が異なる関与者間に共同正犯は成立しないとする見解もありうるが，本件当時ほとんど主張されておらず，現在も主張されていない。よって，Ｘら６名とＹがＡの死亡について共同正犯の責任を負うことを前提にしてよい。

✓ 読み解きポイント

　本件の争点は，殺意のないＸら６名に何罪の共同正犯が成立するかである。これ[*4]については，①殺意のあるＹと共同してＡを死亡させた以上，殺人罪の共同正犯が成立するが，刑は傷害致死罪の刑にとどまるとする考え方と，②殺意がない以上，殺人罪の共同正犯は成立せず，傷害致死罪の共同正犯が成立するにとどまるとする考え方とがありうる。

　第１審は，①に従ったかのような判示をし，控訴審もそれを維持した。これに対し，本決定は，①を明確に否定し，②に従うことを明らかにした。その理由づけにも注目しながら，本決定を読み解こう。

📖 決定文を読んでみよう

　「殺人罪と傷害致死罪とは，殺意の有無という主観的な面に差異があるだけで，その余の犯罪構成要件要素はいずれも同一であるから，暴行・傷害を共謀した被告人Ｘら７名のうちのＹが……Ａに対し未必の故意をもって殺人罪を犯した本件において，

殺意のなかった被告人Xら6名については，殺人罪の共同正犯と傷害致死罪の共同正犯の構成要件が重なり合う限度で軽い傷害致死罪の共同正犯が成立するものと解すべきである。すなわち，Yが殺人罪を犯したということは，被告人Xら6名にとっても暴行・傷害の共謀に起因して客観的には殺人罪の共同正犯にあたる事実が実現されたことにはなるが，そうであるからといって，被告人Xら6名には殺人罪という重い罪の共同正犯の意思はなかったのであるから，被告人Xら6名に殺人罪の共同正犯が成立するいわれはなく，もし犯罪としては重い殺人罪の共同正犯が成立し刑のみを暴行罪ないし傷害罪の結果的加重犯である傷害致死罪の共同正犯の刑で処断するにとどめるとするならば，それは誤りといわなければならない。」

> **この決定が示したこと**
>
> 殺意がなかった者には，殺人罪の共同正犯は成立せず，殺人罪の共同正犯と傷害致死罪の共同正犯の構成要件が重なり合う限度で軽い傷害致死罪の共同正犯が成立することを示した。

解説

I．本決定の意義

本件の争点は，一般化すれば，共同正犯者間で故意が異なる場合に，軽い罪の故意しかない者の罪責をどう処理するかである。これについては，①重い罪の共同正犯の成立を認めた上で，38条2項により（殺意のない者を重い殺人罪の共同正犯として処断することはできないので）軽い罪の刑を科すという方法（〔読み解きポイント〕①）と，②軽い罪の共同正犯の成立を認めるという方法（〔読み解きポイント〕②）とが考えられる。本決定は，殺意のなかったXら6名の罪責を示すことにより，最高裁として初めて，①の方法を否定し，②の方法に従うことを明らかにした。

II．判例の立場

本決定は，「構成要件が重なり合う限度で」と述べていることから，部分的犯罪共同説を採用したようにみえる*5。しかし，Xら6名に傷害致死罪の共同正犯が成立するという本決定の結論は，行為共同説からも説明可能である*6。したがって，本決定により，判例が部分的犯罪共同説に立ったということはできない。

しかし，その後，殺意のある者も軽い保護責任者遺棄致死罪の限度で共同正犯になるとした最高裁決定が現れた*7。行為共同説によれば，殺意のある者には殺人罪の共同正犯が成立するはずであるから，この決定は，行為共同説となじまない。そのため，この決定以後，判例の立場は部分的犯罪共同説であるとの理解が広まっている。

*5 部分的犯罪共同説は，構成要件が重なり合う限度で軽い罪の共同正犯の成立を認める見解であり，これによれば，Xら6名とYに傷害致死罪の共同正犯が成立し，Yには殺人罪の単独犯も成立する。構成要件の重なり合いについては，〔判例25〕参照。

*6 行為共同説は，数人が行為を共同して各自の犯罪を実現するのが共同正犯であるとする見解であり，これによれば，Xら6名には傷害致死罪の共同正犯，Yには殺人罪の共同正犯が成立する。本決定は，Yについては何も述べていないから，行為共同説と矛盾しない。

*7 最決平成17・7・4刑集59巻6号403頁（〔判例08〕，百選I-6）。

44 過失犯の共同正犯

世田谷ケーブル事件

東京地裁平成4年1月23日判決（判時1419号133頁） ▶百選Ⅰ-80

事案をみてみよう

被告人XとYは，世田谷電話局付近の地下洞道（とうどう）内において，点火したトーチランプ各1個を各自が使用して，電話ケーブルの接続部の鉛管をトーチランプの炎で溶かして断線箇所を探す業務に共同して従事していた。断線箇所を発見したXとYは，その修理方法等を検討するため，洞道外に退出した。その際，XとYは，トーチランプの炎が確実に消火しているかを相互に確認せず，トーチランプを布製の防護シートの近くに置いたまま立ち去ったため，どちらか1個のトーチランプの炎が防護シートに着火し，それが電話ケーブル等に延焼して電話ケーブルや洞道壁面が焼損し，これにより世田谷電話局に延焼するおそれのある状態（公共の危険）が生じた。

本件では，トーチランプの消火を怠ったXとYに業務上失火罪（117条の2）の共同正犯が成立するかが争われた。

*1｜トーチランプ
小型の携帯用バーナー。ガスや石油を燃やして炎を出す。鉛管を溶かす作業などに使用される。

*2｜業務上失火罪（117条の2）
失火罪（116条）の加重類型である。失火罪は，失火，すなわち過失による出火により，現住建造物等または他人所有の非現住建造物等を焼損した場合（116条1項），または，失火により，自己所有の非現住建造物等または建造物等以外の物を焼損し，よって公共の危険を生じさせた場合（116条2項）に成立する。

✓ 読み解きポイント

本件では，出火の原因となった1個のトーチランプがXとYのどちらが使用していたものかが不明であった。つまり，本件は，XとYを単独でみれば各行為と電話ケーブル等の焼損との間の因果関係が不明なため，XとYを業務上失火罪の単独正犯（同時犯）として処罰するのが難しい事案である。では，XとYを本罪の共同正犯として処罰できないだろうか。

ただ，業務上失火罪は，過失犯である。したがって，そもそも過失犯についても共同正犯が認められるか，認められるとして，それはどのような場合に成立するかが問題となる。本判決は，XとYに業務上失火罪の共同正犯が成立するとしたが，この問題にどのように答えたのであろうか。

📖 判決文を読んでみよう

「本件の解鉛作業の場合等のように，数名の作業員が数個のトーチランプを使用して共同作業を行い，一時，作業を中断して現場から立ち去るときには，作業慣行としても，各作業員が自己の使用したランプのみならず共同作業に従事した者が使用した全てのランプにつき，相互に指差し呼称して確実に消火した点を確認し合わなければならない業務上の注意義務が，共同作業者全員に課せられていたことが認められる」。

「しかるに，被告人両名は，……前記共同の注意義務を履行すべき立場に置かれてい

たにも拘わらず，これを怠り，前記2個のトーチランプの火が完全に消火しているか否かにつき，なんら相互の確認をすることなく，トーチランプを……防護シートに近接する位置に置いたまま，被告人両名が共に同所を立ち去ったものであり，……被告人両名が過失行為を共同して行ったことが明らかである」。「過失犯の共同正犯の成否等に関しては議論の存するところであるが，本件のごとく，<u>社会生活上危険かつ重大な結果の発生することが予想される場合においては，相互利用・補充による共同の注意義務を負う共同作業者が現に存在するところであり，しかもその共同作業者間において，その注意義務を怠った共同の行為があると認められる場合には，その共同作業者全員に対し過失犯の共同正犯</u>」が成立する。

⇩ この判決が示したこと ⇩

過失犯の共同正犯を認める立場に立って，共同の注意義務に共同して違反した場合（「共同義務の共同違反」があった場合）に過失犯の共同正犯が成立するとした。

解説

Ⅰ．過失犯の共同正犯は認められるか

戦前の判例は，過失犯の共同正犯を認めることに消極的であった。しかし，戦後になると，過失犯の共同正犯を肯定する最高裁判決が現れ[*3]，下級審においても，これを肯定するものが多数となった。現在の判例の主流は，過失犯の共同正犯を認めているといってよい。学説においても，これを認めるものが多数を占めている。

Ⅱ．過失犯の共同正犯の成立要件

過失犯の共同正犯を認めるとして，では，どのような場合に成立すると考えるべきか。最も有力な見解は，「共同義務の共同違反」があった場合に過失犯の共同正犯の成立を認める。「共同義務」とは，共同の注意義務のことであり，具体的には，危険な作業を共同して行っている場合に，結果が発生しないように相互に注意する共同の義務をいう。そして，これに共同して違反する行為が「共同違反」である。

Ⅲ．本判決について

本判決は，これと同様の見解に立って，XとYに共同義務の共同違反を認めた。すなわち，本判決は，XとYにはトーチランプの火が完全に消火したか否かにつき相互に指差し呼称して確認し合うべき共同の注意義務があり，両名はこれに共同して違反したと認定して，両名に業務上失火罪の共同正犯が成立するとした。

本判決は，地裁レベルの裁判例ではあるが，現在の判例の立場を示すものとして，また，共同義務の共同違反の内容を具体的に示したものとして重要である[*4]。

---

*3 最判昭和28・1・23刑集7巻1号30頁。事案は，共同して飲食店を経営していた被告人両名が，他人から仕入れたウイスキーと称する液体の中に人体に有害なメタノールが法定除外量を超えて含まれていたにもかかわらず，これについて調べることなく客に販売したというもので，最高裁は，過失による有毒飲食物等取締令違反の共同正犯の成立を認めた。

*4 最決平成28・7・12刑集70巻6号411頁は，「共同義務の共同違反」の見解を明示的に採用して過失犯の共同正犯の成否を検討し，その成立を否定した。

45 共犯と身分

業務上横領罪と65条

最高裁昭和32年11月19日判決（刑集11巻12号3073頁）　　▶百選Ⅰ-92

事案をみてみよう

　本件は、金銭を占有していなかった被告人XおよびYが、この金銭を業務上占有していたAと共謀し、横領を行った事案である。すなわち、Aは、B村収入役として、B村新制中学校建設委員会の委託を受けて同校建設資金の寄附金の受領、保管その他の会計事務を担当していた者（業務上占有者）、Xは、元B村村長および同村新制中学校建設工事委員会の工事委員長（非占有者）、Yは、Xを補佐する者（同じく非占有者）であったところ、Xら3名が共謀の上、Aが学校建設資金として受け取り業務上保管していた寄附金合計23万1550円の中から合計8万1647円を酒食等の買入れ代金として支払い、もってこれを横領したという事案である。

　第1審は、XとYの行為につき、253条のみを適用して業務上横領罪の共同正犯*1として処断し、控訴審もこれを是認した。これに対し、弁護人は、学校建設資金を業務上占有していないXとYに253条を適用したのは違法であると主張して上告した。

✓ 読み解きポイント

　横領された学校建設資金を業務上占有していたAには業務上横領罪が成立する。問題は、Aと共同正犯の関係にあるX・Yの罪責、具体的には、本罪の要件である、（他人の物の）業務上占有者の身分を欠くX・Yに対して、65条をどのように適用するかである。

　65条は、非身分者が身分犯*2に関与した場合を定める。多数説によれば、非身分者が真正身分犯*3に関与した場合には、同条1項により真正身分犯の共犯（多数説によれば、共同正犯を含む）が成立し、不真正身分犯*4に関与した場合には、同条2項により通常の犯罪の共犯が成立する。つまり、ここでは、65条1項と2項とが、真正身分犯か不真正身分犯かで使い分けられている。判例も、これに従っている。

　ところが、業務上横領罪は、業務者と占有者の2つの身分を要する「二重の身分犯」*5である。すなわち、本罪は、単純横領罪の加重規定であり、単純横領罪との関係では、業務者の身分があることにより刑が重くなる不真正身分犯であるが、本罪の基礎をなす単純横領罪は、占有者の身分があって初めて成立する真正身分犯であると解されている。このように、業務上横領罪には真正身分犯の性質と不真正身分犯の性質とがある。そこで、65条をどのように適用すべきかが、通常の身分犯にはない特殊な問題として浮上する。

　では、本判決は、この問題をどのように解決したのであろうか。

---

*1 │ 業務上横領罪（253条）

単純横領罪（252条1項）の加重規定。「業務上〔委託に基づき〕自己の占有する他人の物を横領した」場合に成立する罪で、業務者の身分が加わることにより単純横領罪よりも刑が重くなる。単純横領罪については、*5参照。

*2 │ 身分犯

Introduction（p.121）参照。

*3 │ 真正身分犯

行為者に身分がなければおよそ犯罪にならない身分犯。構成的身分犯ともいう。公務員を主体とする収賄罪（197条）がその典型である。たとえば、国立大学の教授が定期試験合格の見返りに学生から金品を受け取れば、収賄罪が成立する（現在の国立大学の教授は、公務員ではないが、みなし公務員として公務員と同じ扱いを受ける）が、私立大学の教授が同じことをしても、この教授は公務員ではないから、犯罪にならない。

126

📖 判決文を読んでみよう

「Aのみが……B村の収入役として同村のため右中学校建設資金の寄附金の受領，保管その他の会計事務に従事していたものであって，被告人両名はかかる業務に従事していたことは認められないから，刑法65条1項により同法253条に該当する業務上横領罪の共同正犯として論ずべきものである。しかし，同法253条は横領罪の犯人が業務上物を占有する場合において，とくに重い刑を科することを規定したものであるから，業務上物の占有者たる身分のない被告人両名に対しては同法65条2項により同法252条1項の通常の横領罪の刑を科すべきものである。」

⬇ この判決が示したこと ⬇

業務上横領罪に非占有者（よって業務者でもない者）が関与した場合，非占有者には65条1項により業務上横領罪の共犯（本件では共同正犯）が成立するが，刑については，同条2項により単純横領罪の刑が科されるとした。

☞ 解説

本判決が示したことは大審院以来の判例の見解であり，本判決は，これを踏襲することを確認したものである。65条1項と2項が両方適用されているが，これは二重の身分犯である業務上横領罪についての特別扱いであり，そうでない身分犯については，本判決以後も，同条1項と2項が使い分けられている。

判例の見解においては，非占有者も同条1項により業務上横領罪の共犯になるとされているが，これは，非占有者との関係では本罪全体がひとつの真正身分犯であると解されているからであろう。他方，それにもかかわらず，刑については同条2項により単純横領罪の刑を科すべきだとされているのは，占有者が業務上横領罪に関与した場合との均衡が考慮されたためであろう。関与者が占有者である場合には同条2項により単純横領罪の共犯として同罪の刑が科されるのに，関与者が非占有者の場合に重い業務上横領罪の刑が科されるのは，明らかに不均衡だからである。

もっとも，このようにすると罪名と科刑が分離してしまう。そこで，多数説からは，業務上横領罪に含まれる単純横領罪に注目して，非占有者には65条1項により単純横領罪の共犯が成立するとした上で，業務上占有者には同条2項により業務上横領罪が成立するとの見解が主張されている。

*4｜**不真正身分犯**

行為者に身分がなくても犯罪にはなるが，身分があることにより刑が加重または減軽される身分犯。加減的身分犯ともいう。その典型は，業務上堕胎罪（214条）である。堕胎は，誰が行っても犯罪であるが（212条以下），医師等の身分のある者が行った場合には，業務上堕胎罪として重く処罰される。

*5｜**単純横領罪（252条1項）**

通常の横領罪のこと。業務上横領罪との対比で，このように呼ばれる。単純横領罪は，「〔委託に基づき〕自己の占有する他人の物を横領した」場合に成立するが，本罪は，他人の物の占有者という身分を必要とする真正身分犯であると解されている。真正身分犯については，*3参照。

*6｜

同様の扱いは，同じく二重の身分犯である特別背任罪（会社960条）についてもなされている。

46 共同正犯と過剰防衛

フィリピンパブ事件

最高裁平成4年6月5日決定（刑集46巻4号245頁）　　▶百選Ⅰ-88

事案をみてみよう

　被告人Xは，友人Aの居室から飲食店であるフィリピンパブに電話をかけて勤務中の女友達と話していたところ，店長Bから一方的に電話を切られたり，再度の電話で侮辱的な言葉を浴びせられたりした。憤激したXは，同行を渋るAを説得し，包丁を持たせて一緒にタクシーで同店に向かった。Xは，タクシー内で，Bを殺害することもやむを得ないとの意思の下に，「やられたらナイフを使え。」とAに指示し，同店付近に到着後，Aを同店出入口付近に行かせ，自らは少し離れた場所で待機していた。Aは，Bに対し自分から進んで暴行を加えるまでの意思はなく，Bとは面識がないからいきなり暴力を振るわれることもないだろうなどと考えていたところ，予想外にも，店から出てきたBにXと取り違えられ，いきなり殴り倒されるなどの暴行を受け，殴り返すなどしたが，Xの加勢も得られず，再び路上に殴り倒された。そこで，Aは，自己の生命身体を防衛する意思で，とっさに包丁を取り出し，Xの前記指示どおり包丁を使用してBを殺害することになってもやむを得ないと決意し，Xとの共謀の下に，包丁でBの左胸部等を数回突き刺し，同人を殺害した。

　控訴審は，Aについては，積極的加害意思*¹はなく，Bの暴行は急迫不正の侵害であり，これに対する反撃が防衛の程度を超えたものであるとして，過剰防衛（36条2項）*²の成立を認めた。一方，Xについては，Bの攻撃を予期して店の近くまで出向き，Bが攻撃してくる機会を利用し，Aに対し包丁でBに反撃を加えさせようとしていたもので，積極的加害意思があったので，BのAに対する暴行はXにとっては急迫性を欠くものであるとして，過剰防衛の成立を認めなかった。

　Xの弁護人は，Aに過剰防衛が成立する以上，その効果は共同正犯者であるXにも及び，Xにも過剰防衛が成立すると主張した。

✓ 読み解きポイント

　XとAは，共謀してBを殺害したので，殺人罪（199条）の共同正犯となる。ただし，Aには過剰防衛が成立する。では，共同正犯者であるXにも過剰防衛が成立するであろうか。本決定は，Xに過剰防衛は成立しないとしたが，どのような理由からこの結論を導いたのだろうか。

---

*1　判例によれば，積極的加害意思（相手の侵害を予期するにとどまらず，その機会を利用して積極的に加害行為をする意思）がある場合には，侵害の急迫性が否定される（［判例14］参照）。この場合，侵害の急迫性を要件とする正当防衛や過剰防衛は成立しない。

*2　過剰防衛
過剰防衛とは，「急迫不正の侵害に対して，自己又は他人の権利を防衛するため」にしたが（ここまでは正当防衛と同じ），「やむを得ずにした」とはいえない行為，つまり「防衛の程度を超えた」行為をいう。この場合，裁判官は，その刑を減軽または免除することができる。Ⅲ-2のIntroduction（p.41）参照。

📖 決定文を読んでみよう

「⑴共同正犯が成立する場合における過剰防衛の成否は，共同正犯者の各人につきそれぞれその要件を満たすかどうかを検討して決するべきであって，共同正犯者の1人について過剰防衛が成立したとしても，その結果当然に他の共同正犯者についても過剰防衛が成立することになるものではない。

原判決の認定によると，被告人は，Bの攻撃を予期し，その機会を利用してAをして包丁でBに反撃を加えさせようとしていたもので，⑵積極的な加害の意思で侵害に臨（のぞ）んだものであるから，BのAに対する暴行は，積極的な加害の意思がなかったAにとっては急迫不正の侵害であるとしても，被告人にとっては急迫性を欠くものであって……，Aについて過剰防衛の成立を認め，被告人についてこれを認めなかった原判断は，正当として是認することができる。」

⇩ この決定が示したこと ⇩

共同正犯が成立する場合における過剰防衛の成否は，共同正犯者の各人につきそれぞれその要件を満たすかどうかによって判断すべきであること(Point-1)，および，共同正犯者のうち積極的加害意思がある者については，過剰防衛の要件である侵害の急迫性が欠ける(Point-2)ため，過剰防衛は成立しないことを示した。

☞ 解説

Ⅰ．共同正犯における過剰防衛の判断

本決定は，過剰防衛が成立するか否かは共同正犯者の各人につき個別的に判断すべきであるとした（Point-1）。これにより，過剰防衛の成否が共同正犯者間で当然に共通するわけではないこと，つまり，共同正犯者のうち，ある者には過剰防衛が成立するが，他の者には過剰防衛が成立しない場合もありうることが明らかになった。

もっとも，本決定は，過剰防衛の成否を個別的に判断すべき理由を示していない。＊3 また，正当防衛が成立する場合はどうなるかという問題も残されている。＊4

Ⅱ．積極的加害意思と過剰防衛

上記Ⅰの判断方法に従い，かつ，積極的加害意思がある場合には侵害の急迫性が欠けるとする判例の立場に従った場合，積極的加害意思があるXについては，過剰防衛の要件である侵害の急迫性が欠ける（Point-2）ため，過剰防衛が成立しないことになる。

共同正犯者間で侵害の急迫性があったりなかったりするのは不自然なようにもみえるが，判例の立場からすれば，おかしなことではない。積極的加害意思という主観的な事情は，行為者により異なりうるものだからである。

＊3｜ 過剰防衛の刑の減免根拠を責任減少に求める見解によれば（[判例18]＊2参照），責任の判断は行為者ごとの個別判断であることから，過剰防衛の成否も個別的に判断されるべきことになる。よって，本決定は，当然のことを述べたものと解される。これに対し，刑の減免根拠を違法減少に求める見解に立った場合，「違法性は連帯的に」判断されると解されてきたことから，違法減少事由としての過剰防衛を個別的に判断してよいかが問われる。この点，現在の学説では，理由は分かれるものの，違法性の判断が共同正犯者の各人で個別化する場合があることを認める見解が増えており，これによれば，本決定は，違法性の判断が個別化する一例を示したものと解される。

＊4｜ ＊3で触れた違法性の判断の個別化を認める見解を一貫させれば，正当防衛についても個別化する場合があることになろう。

Chapter VI 共犯

3 共犯の諸問題（2）

Introduction

Contents
- VI-1 共犯の類型と間接正犯
- VI-2 共犯の諸問題（1）
- ココ！ VI-3 共犯の諸問題（2）

　Yは，強盗の目的でAを金属バットで殴り，Aが反抗できないようにした後で，Xを電話で現場に呼び寄せた。駆けつけたXは，事情を知りながら，Aの金銭を奪うことに協力した。この事例において，暴行と金銭を奪うことのすべてに関与したYに，強盗罪（236条1項）が成立することに問題はない。しかし，暴行の時点では犯罪に関与していなかったXにも強盗罪が成立するのだろうか。成立するのであればなぜか，成立しないのであればなぜか，その理由が問題となる。こうした事案は，共犯の問題ではあっても典型的な事案とは少し異なる。いわば応用問題である。ここでは，以下で示す応用問題について考えてみよう。

1. 承継的共犯と共犯関係の解消

（1） 共犯の因果性をめぐって

　共犯は複数の者が1つの犯罪に関与する。たとえば，XとYが現場で協力をして被害者を殺害するような場合がイメージされる。もっとも，それは典型例であって，実際の事案では複数の共犯者が同時に犯行を始めて一緒に終わるとは限らない。共犯者が後から関与する場合もあるし，途中で離れる場合もある。このとき，関与前あるいは離脱後に他の共犯者によって行われた行為や生じた結果に対して，後から関与した者や先に離脱した者も責任を負うのだろうか。負うにしても負わないにしてもその理由が必要である。

　後から関与した者の罪責を扱うのが「承継的共犯」という問題，途中で離脱した者の罪責を扱うのが「共犯関係の解消」という問題である。共犯の処罰根拠は共犯の因果性にあるから（因果的共犯論[*1]），この2つの問題での罪責についても共犯の因果性がポイントとなる。

（2） 承継的共犯

　すでに他の共犯者（先行者）によって行われている実行行為に後から関与した者（後行者）は，先行者による行為・結果についても責任を負うとされることになるのだろうか。先行者による行為・結果を含めた全体について後行者も責任を負うとされる場合を承継的共犯という。しかしそもそも承継的共犯が理論的に認められるべきかどうか自体が問題である。後行者は先行者による行為・結果に対し因果関係を有してい

[*1] | **因果的共犯論**
共犯の処罰根拠として，犯罪の結果に対して因果性を及ぼしたから共犯が成立するとする考え方。

ないといえるから，その処理には，因果的共犯論との関係が問題となる。学説でも，たとえばエンピツくんが挙げた事例で，後行者Xに強盗罪を認めて承継的共犯を肯定する見解もあるが，他方，Xは暴行には関与していないのであるから，共犯の因果性を欠き強盗罪を認めることはできず，財物を奪取したことについてのみ犯罪が成立するとする見解もある［→判例 **50**］。

（3）　共犯関係の解消

　（2）の承継的共犯は途中から関与する者の罪責であるが，共犯関係の解消ではそれとは逆に，途中で離れた者の罪責が問題となる。すなわち，複数の者で犯罪を開始したが，一部の共犯者が犯行をやめて立ち去った場合，立ち去った共犯者（離脱者）は，残りの共犯者による行為・結果に対して責任を負うのだろうか。これについては，共犯関係の解消が認められれば責任を負わないと考えられている。それでは，離脱者は何をすれば共犯関係の解消が認められるのだろうか。共犯の処罰根拠に従えば，離脱者が自己の行為の因果性を残していれば共犯としての責任を負うし，遮断したのであれば責任を負わないこととなる。問題はいかなる場合に因果性が遮断されたといえるのかである［→判例 **49**］。

2．共犯関係の成否と正当防衛

　たとえば，当初は正当防衛を行うために共同して暴行を行ったが，そのうちの一部の者が，相手からの侵害が終了した後にも暴行を行い，その暴行によって相手に傷害を負わせた。このとき，侵害終了後の暴行に関与しなかった者の罪責が問題となるが，どのようにしてそこでの共同正犯の成否が判断されるのだろうか［→判例 **47**］。

3．不作為による共犯

　共犯にも作為による場合と不作為による場合がある。[*2] 不作為による場合を「不作為による共犯」といい，たとえば，他人がわが子に対して暴行を加えているのにそれを阻止せず，子が死亡した場合に，それが問題となる。ただ，共犯であることによって，不作為犯の成立要件は，単独犯の不作為犯の場合と比べてどのように変化するのだろうか［→判例 **48**］。

[*2] 不作為犯については，Ⅱ-**2**（p.20以下）参照。

47 共犯関係の成否と正当防衛

最高裁平成6年12月6日判決（刑集48巻8号509頁） ▶百選Ⅰ-96

事案をみてみよう

　被告人Xは，Y・Z・WおよびA女とともに食事をした後，歩道上で雑談をしていたところ，通りがかりのBと口論となった。するとBはAの髪をつかみ，引きずり回すなどの乱暴を始めた。Xら4名はこれを制止し，Aの髪からBの手をはなさせようとして，Bを殴る蹴るなどした。しかしBはAの髪をはなそうとせず，そのまま，幅約16ｍの道路を横断してP駐車場入口付近までAを引っぱっていった。Xら4名はその後を追いかけていき，Aの髪からBの手をはなさせようとしてBを殴る蹴るなどし，Bもこれに応戦した。その後BはAの髪から手をはなしたものの，Xら4名に対し「馬鹿野郎」などと悪態をつき，なおも応戦する構えを示しながら，後ずさりするようにしてP駐車場の奥のほうに移動し，Xら4名もBを追っていった。そしてYがBに殴りかかったが，途中でWが制止した。しかし次にZがBの顔面を殴ったところ，Bは転倒して頭を打ち，頭がい骨骨折等の傷害を負った。

　X・Y・Zの3名が傷害罪（204条）で起訴されたところ，第1審は，Xらの行為を一連の行為として，全体について傷害罪の共同正犯が成立し，それは過剰防衛（36条2項）にあたるとした。Xのみが控訴したところ，控訴審も第1審を支持した。

*1│過剰防衛
過剰防衛については，Ⅲ-2のIntroduction（p.41）参照。

読み解きポイント

　当初，BがAの髪をつかんだことに対してなされたXらによる反撃行為は，急迫不正の侵害に対するものとして正当防衛（36条1項）が認められる。これに対し，BがAの髪をはなした後に行われた追撃行為は，すでに侵害が終了しているため正当防衛にはならない。そしてその追撃行為によってBの傷害が生じた。しかし追撃行為で暴行を行ったのはYとZである。Xはそれを制止してはいないが，暴行を加えてもいない。これについて第1審・控訴審は，反撃・追撃行為全体を一連の行為とみてXにも傷害罪の共同正犯を認めた（それを過剰防衛とした）。これに対し本判決は，Xについては反撃行為と追撃行為を区別し，結果としてXの傷害罪の共同正犯を否定した。それでは，いかなる理由からその結論が導かれたのだろうか。

判決文を読んでみよう

「相手方の侵害に対し，複数人が共同して防衛行為としての暴行に及び，相手方からの侵害が終了した後に，なおも一部の者が暴行を続けた場合において，後の暴行を

加えていない者について正当防衛の成否を検討するに当たっては，侵害現在時と侵害終了後とに分けて考察するのが相当であり，侵害現在時における暴行が正当防衛と認められる場合には，侵害終了後の暴行については，侵害現在時における防衛行為としての暴行の共同意思から離脱したかどうかではなく，新たに共謀が成立したかどうかを検討すべきであって，共謀の成立が認められるときに初めて，侵害現在時及び侵害終了後の一連の行為を全体として考察し，防衛行為としての相当性を検討すべきである。」「被告人らの本件行為を，BがAの髪を放すに至るまでの行為〔反撃行為〕……と，その後の行為〔追撃行為〕……とに分けて考察すれば」，反撃行為は防衛手段としての相当性の範囲を超えるものではないこと，追撃行為についてXにはBへの暴行に関するYおよびZとの共謀はなかったといえることから，「被告人に関しては，反撃行為については正当防衛が成立し，追撃行為については新たに暴行の共謀が成立したとは認められないのであるから，反撃行為と追撃行為とを一連一体のものとして総合評価する余地はな〔い〕」。

> **↓ この判決が示したこと ↓**
>
> 　反撃行為が正当防衛となる場合，その後の（正当防衛ではない）追撃行為において暴行を行ってはいない者の罪責については，直ちに反撃行為と追撃行為を一連の行為とはせず，追撃行為についてほかの共犯者との間に新たな共謀が成立した場合に初めてそれらが一連の行為として評価されるとした。この理解に基づき，本件では新たな共謀が成立していないため一連の行為とみることを否定した。その結果，反撃行為は正当防衛となる一方，追撃行為については傷害罪の共同正犯とはならないため，Xを無罪とした。

解説

Ⅰ．共犯関係の解消？

　本判決が追撃行為について傷害罪の共同正犯を認めなかったことは，「共犯関係の解消」*2によるものではない。たしかにXは追撃行為において暴行を行ってはいないが，しかしすでに暴行の実行段階にある本件では，共犯関係の解消が認められるためには，ほかの共犯者の犯行を積極的に防止する措置が必要である。それがない本件では，共犯関係の解消に基づいて追撃行為の犯罪不成立を導くことは困難である。

Ⅱ．共謀の射程

　当初の反撃行為における暴行の共謀は，急迫不正の侵害に対して正当防衛を行う目的でなされたものである。これに対して，その後の追撃行為は不当な加害を目的とする暴行であるから，反撃行為と追撃行為は質的に異なる。したがって，反撃行為に関する当初の共謀の射程は追撃行為には及ばない。追撃行為に関する共謀は，それに関する新たな共謀が成立していなければ認められない。本判決が，一連の行為とみるために新たな共謀の成立を求めたのは，こうした理解に基づくものと思われる。

＊2｜共犯関係の解消
共犯関係の解消については，〔判例49〕参照。

48 不作為と共犯

不作為による傷害致死幇助

札幌高裁平成12年3月16日判決（判タ1044号263頁） ▶百選Ⅰ-83

事案をみてみよう

被告人Xは元夫との間にもうけた長男A（当時4歳）と次男B（当時3歳）を連れてYと内縁関係にあったが，YはBらにせっかんを繰り返していた。某日午後7時頃，Yが，自宅において，Bに対しその顔面・頭部を平手・手けんで多数回殴るなどの暴行を加え，Bに硬膜下出血等の傷害を負わせ，その結果，Bを搬送先の病院で死亡させるという犯行を行ったが，その際，Xは，本件暴行を認識していながら同暴行を阻止することなく放置した。

第1審は傷害致死罪（205条）の幇助犯の成立を否定しXを無罪とした。

読み解きポイント

XがYの犯行を阻止しなかったことに関し，不作為による幇助犯の成否が問題となる。しかし，不作為犯の成立要件が論じられるとき，そこでは単独犯が念頭に置かれている。それでは，共犯として不作為犯の成否が問題とされる場合，その成立要件においてどのような違いが生じるであろうか。本判決は第1審判決を破棄して不作為による傷害致死罪の幇助犯の成立を認めたが，その際，どのような要件についてその充足を認めてこの結論を導いたのかに注目して読み解こう。

*1｜本件では不作為による幇助犯が扱われたが，一般には不作為による共同正犯もありうる。もっとも，判例では幇助犯が認められるのが通常である。共同正犯が認められるような事案については共謀共同正犯として処理できる場合が多いので，不作為による共同正犯として現れないことが多いからだと思われる。

*2｜**不作為犯の成立要件（不真正不作為犯）**
①因果関係
②作為義務
③作為可能性・作為容易性
詳しくはⅡ-2のIntroduction（p.20）参照。

判決文を読んでみよう

(1) 「原判決が掲げる⑴『犯罪の実行をほぼ確実に阻止し得たにもかかわらず，これを放置した』という要件は，不作為による幇助犯の成立には不必要というべきであるから，実質的に，作為義務がある者の不作為のうちでも結果阻止との因果性の認められるもののみを幇助行為に限定した上，被告人に具体的に要求される作為の内容としてYの暴行を実力でもって阻止する行為のみを想定し……た原判決には，……法令の適用に誤りがある」。（その上で本判決は，監視行為・言葉による制止行為・実力による阻止行為によってYの暴行を阻止できたと認めた。）

(2) 「⑵不作為による幇助犯は，正犯者の犯罪を防止しなければならない作為義務のある者が，一定の作為によって正犯者の犯罪を防止することが可能であるのに，そのことを認識しながら，右一定の作為をせず，これによって正犯者の犯罪の実行を容易にした場合に成立し，以上が作為による幇助犯の場合と同視できることが必要」である。「①被告人は，……Yとの同棲期間中常にBらを連れ，Yの下に置いていたこ

と……，②被告人は……Bの唯一の親権者であったこと，③Bは……極度のるい痩状態にあったこと，④Yが……AやBに対して毎日のように激しいせっかんを繰り返し，被告人もこれを知っていたこと，⑤被告人は……YがBにせっかんを加えようとしているのを認識したこと，⑥Yが本件せっかんに及ぼうとした際，室内には……BがYから暴行を受けることを阻止し得る者は被告人以外存在しなかったことにかんがみると，<u>(3)Bの生命・身体の安全の確保は，被告人のみに依存していた状態にあり，かつ，被告人は，Bの生命・身体の安全が害される危険な状況を認識していたというべきであるから，被告人には，YがBに対して暴行に及ぶことを阻止しなければならない作為義務があった</u>」。さらに，その義務の程度はきわめて強度であり，暴行が阻止できたことを認識しながらそれを阻止せず，また，暴行を容易にしたといえる。以上によれば，「被告人の行為は，作為による幇助犯の場合と同視できる」。

↓ **この判決が示したこと** ↓

不作為による幇助犯が成立するためには，犯罪の実行をほぼ確実に阻止しえたことまでは求められず，正犯者の犯罪の実行を容易にしたことで足りるとした(Point-1・2)。さらに，作為義務（犯罪阻止義務）の発生根拠に関し，被害者の生命・身体の安全の確保が被告人のみに依存していたことからそれを肯定し(Point-3)，さらに本件不作為が作為による幇助犯と同視できるとして不作為による幇助犯の成立を認めた。

解説

Ⅰ．犯罪の防止可能性

単独犯の場合，「不作為がなければ（期待された作為を行っていれば），結果は回避された」といえるときに不作為の因果関係が肯定され，しかもその結果回避可能性もほぼ確実といえる程度のものが要求される。*4「犯罪の実行をほぼ確実に阻止しえた」ことを求める本件第1審の判断枠組みは，不作為による幇助犯の成立範囲を限定する意図でそれと同程度のものを求めたものである。しかし作為による幇助犯が認められるためには，単独の作為犯の場合とは異なり，結果発生を促進することで足りる。だとすれば，本判決の示すとおり，不作為による幇助犯の場合だけ，結果を確実に回避できたことを求める理由はない。*5本判決は，たとえば言葉による制止行為でも暴行の阻止が「相当程度可能であった」として，それも期待される行為のひとつに含める。

Ⅱ．作為義務（犯罪阻止義務）の発生根拠

不作為犯の成立に必要な作為義務について，単独犯の場合，ほかに結果を防止できる者がいなかったという意味での排他的支配がその発生根拠のひとつとされるが，*6共犯の場合，積極的に犯行を行う正犯者がいる以上，その排他的支配は正犯者を除いて考えることとなる。本件では，Yを除くと，状況的にXしか阻止できなかったし，また，Xは唯一の親権者であり，本件の経緯も考えると，Xに作為義務が認められることになると思われる。

*3｜るい痩
甚だしくやせること（大辞林より）。本件では，X一家は1日1，2回の食事しかとれなかったため，死亡時のBは同年齢の児童の平均体重よりも3kg程度劣っていたとされる。

*4｜
［判例07］参照。

*5｜
単独犯
├─ 作為
└─ 不作為…ⅰ
共犯（幇助犯）
├─ 作為…ⅱ
└─ 不作為

本判決はⅰではなくⅱと同様に解した。

*6｜
［判例08］参照。

49 共犯関係の解消

住居侵入強盗事件

最高裁平成21年6月30日決定（刑集63巻5号475頁）　▶百選Ⅰ-94

事案をみてみよう

　被告人Xは，ほかの共犯者7名との間で，まず2名がAの住居内に侵入し，内部から鍵を開けて侵入口を確保した上で，Xを含むほかの共犯者らも住居内に侵入して強盗に及ぶという住居侵入・強盗の共謀を遂げた（ただし，首謀者ではなかった）。犯行当日の午前2時頃，共犯者Yともう1名が住居内に侵入し，ほかの共犯者のための侵入口を確保した。他方，見張り役の共犯者Zは，住居内にいるYらが強盗に着手する前の段階において，現場付近に人が集まってきたのを見て犯行の発覚をおそれ，Yらに電話をかけ，「早くやめて出てきた方がいい。」と言ったところ，「もう少し待って。」と言われたので，「危ないから待てない。先に帰る。」と一方的に伝えただけで電話を切り，付近に止めてあった自動車に乗り込んだ。その自動車内ではXともう1名が待機していたが，ZとXらの3名で話し合って一緒に逃げることとし，自動車で現場から立ち去った。住居内にいたYらは，いったんその場所を出て，Xらが立ち去ったことを知ったが，午前2時55分頃，現場付近にいたほかの共犯者3名とともにそのまま強盗を実行し，その際に加えた暴行によってAら2名を負傷させた。

✓ 読み解きポイント

　Xは，住居内にいるYらに見張り役のZが「先に帰る。」と伝えたことを認識しつつ，Yらが強盗に着手する以前にZとともに現場を立ち去っている。それでもXは，その後にYらがAらに対し行った強盗致傷に関する罪責まで負うのだろうか。犯行の途中で離脱した共犯者が，離脱したことによって，それ以降に生じた事実について共犯としての罪責を負わないことを，共犯関係の解消という。本決定は共犯関係の解消を否定し，Xに強盗致傷罪（240条前段）の成立を認めたが，いかなる理由からその解消を否定したのかに注目して読み解こう。

*1｜共犯関係の「解消」と「離脱」
ここでいう「離脱」とは，ほかの共犯者から離れるという事実を表すものとされ，これに対して「解消」とは，それ以降，共犯としての罪責を負わないという法的評価を表すものとされる。もっとも，共犯関係の「離脱」と「解消」が同じ意味で使われることもある。

📖 決定文を読んでみよう

　「被告人は，共犯者数名と住居に侵入して強盗に及ぶことを共謀したところ，共犯者の一部が家人の在宅する住居に侵入した後，見張り役の共犯者が既に住居内に侵入していた共犯者に電話で『犯行をやめた方がよい，先に帰る』などと一方的に伝えただけで，被告人において格別それ以後の犯行を防止する措置を講ずることなく待機していた場所から見張り役らと共に離脱したにすぎず，残された共犯者らがそのまま強

盗に及んだものと認められる。そうすると，被告人が離脱したのは強盗行為に着手する前であり，たとえ被告人も見張り役の上記電話内容を認識した上で離脱し，残された共犯者らが被告人の離脱をその後知るに至ったという事情があったとしても，当初の共謀関係が解消したということはできず，その後の共犯者らの強盗も当初の共謀に基づいて行われたものと認めるのが相当である。これと同旨の判断に立ち，被告人が住居侵入のみならず強盗致傷についても共同正犯の責任を負うとした原判断は正当である。」

> ⇩ **この決定が示したこと** ⇩
>
> 犯行の首謀者ではない被告人が強盗の実行に着手する前に離脱した事例について，ほかの共犯者らの犯行を防止する措置を講じていないことを理由に共犯関係の解消を否定した。

解説

Ⅰ．実行の着手前の離脱と着手後の離脱

従来の議論では，実行の着手前に共犯者が離脱する場合には，離脱者の離脱意思の表明と残りの共犯者の了承があれば共犯関係の解消が認められる一方，実行の着手後に離脱する場合には，離脱者が残りの共犯者による犯行を防止する措置（犯行防止措置）を講じないとその解消は認められないとされていた。もっとも，離脱者が犯行の首謀者であった場合には，たとえその離脱が実行の着手前であったとしても，犯行防止措置が講じられていない限り共犯関係の解消が認められないとされることもあった。

Ⅱ．因果的共犯論と共犯関係の解消

結局，実行の着手の前後と共犯関係の解消のために必要な行為との関係は一応の目安にすぎない。現在では因果的共犯論に基づいて，離脱者が，自己の行為の因果性を遮断したといえれば，共犯関係の解消が認められるとされる。重要なのは，因果性の遮断の有無であって，実行の着手の前か後かではない。これによれば，実行の着手前の離脱の事案では，その後の犯行や結果に対する離脱者の寄与の効果が小さいため，離脱者の意思表明と残りの共犯者の了承によって因果性の遮断が認められる場合が多く，反対に，実行の着手後の離脱の事案では，すでにその寄与の効果が大きいため，離脱者による積極的な犯行防止措置がなされなければその遮断が認められない場合が多いということにすぎない。

その意味で，たしかにＸは強盗の着手前に離脱し，しかも犯行の首謀者でもないけれども，しかし，住居侵入・強盗の共謀にＸが参加し，実際にもほかの共犯者がＡの住居にすでに侵入し，強盗の実現が差し迫っていたことからすると，本件はＸによる寄与の効果が大きかったといえる事案である。そのため，本決定がＸによる犯行防止措置がないことを理由に共犯関係の解消を認めなかったのは，それがない限り因果性の遮断が認められない事案であったからだと思われる。

*2｜
たとえば大阪高判昭和41・6・24高刑集19巻4号375頁。

*3｜
たとえば最決平成元・6・26刑集43巻6号567頁（百選Ⅰ-95）。

*4｜
たとえば松江地判昭和51・11・2判時845号127頁。

*5｜**因果的共犯論**
共犯の処罰根拠として，犯罪の結果に対して因果性を及ぼしたから共犯が成立するとする考え方。

50 承継的共犯

傷害罪の共同正犯

最高裁平成24年11月6日決定（刑集66巻11号1281頁） ▶百選Ⅰ-82

事案をみてみよう

　YとZはAおよびBに対し，殴る蹴る等の暴行を加えた（その時点ですでにAらは流血し，負傷していた）。その後，Zからの連絡を受けて本件現場に到着した被告人Xは，AらがYらから暴行を受けて逃走や抵抗が困難であることを認識しつつYらと共謀の上，Aらに対し，手けん，金属製はしご，角材等による暴行を加えた。Xの共謀加担前後にわたる一連の暴行の結果，Bは顔面両耳鼻部打撲擦過，両上肢・背部右肋骨・右肩甲部打撲擦過等の傷害を負い，Aは右母指基節骨骨折，全身打撲等の傷害を負った。ただし，それらの傷害のうち，Bの顔面両耳鼻部打撲擦過とAの右母指基節骨骨折については，Xの共謀加担前の暴行によってすでに生じ，かつXの加担後の暴行の寄与が認められないものであった。

　第1審は，XがYらによる行為・結果を自己の犯罪遂行の手段として利用したことを理由に，発生した傷害結果全体について承継的共同正犯とし，傷害罪（204条）の共同正犯の成立を認めた（控訴審もそれを是認）。

✓ 読み解きポイント

　Xは，YとZの犯行に後から関与したが，すでに存在するYらの行為・結果とXの罪責との関係が問題となる。

　複数人による犯罪においては，必ずしも共犯者のすべてが実行行為の開始時から関与しているとは限らない。すでにほかの共犯者によって行われている実行行為に途中から関与する場合もある。後から関与した者（後行者）は，すでに実行していた者（先行者）による行為・結果についても責任を負うことになるだろうか。先行者による部分も含めた全体について後行者がその罪責を負う場合を承継的共犯というが，そもそもそれが理論的に認められるか否かが問題である。なぜなら後行者は先行者による部分に対し因果関係を有していないといえるからである。

　この点，本件第1審・控訴審を含めこれまでの下級審の裁判例では，先行者による行為・結果を自己の犯罪手段として積極的に利用したといえる場合に承継的共犯の成立を認めるものもあった。しかし本決定は，後行者Xの共謀加担前に生じ，かつ加担後の暴行の寄与がない傷害結果（Bの顔面両耳鼻部打撲擦過とAの右母指基節骨骨折）については，Xは責任を負わないとしたのである。その理由づけに注目して読み解こう。

📖 決定文を読んでみよう

「被告人は，Ｙらが共謀してＡらに暴行を加えて傷害を負わせた後に，Ｙらに共謀加担した上，金属製はしごや角材を用いて，Ｂの背中や足，Ａの頭，肩，背中や足を殴打し，Ｂの頭を蹴るなど更に強度の暴行を加えており，少なくとも，共謀加担後に暴行を加えた上記部位についてはＡらの傷害（したがって，第１審判決が認定した傷害のうちＢの顔面両耳鼻部打撲擦過とＡの右母指基節骨骨折は除かれる。以下同じ。）を相当程度重篤化させたものと認められる。この場合，被告人は，⑴共謀加担前にＹらが既に生じさせていた傷害結果については，被告人の共謀及びそれに基づく行為がこれと因果関係を有することはないから，傷害罪の共同正犯としての責任を負うことはなく，共謀加担後の傷害を引き起こすに足りる暴行によってＡらの傷害の発生に寄与したことについてのみ，傷害罪の共同正犯としての責任を負う」。原判決の認定は，「⑵被告人において，ＡらがＹらの暴行を受けて負傷し，逃亡や抵抗が困難になっている状態を利用して更に暴行に及んだ趣旨をいうものと解されるが，そのような事実があったとしても，それは，被告人が共謀加担後に更に暴行を行った動機ないし契機にすぎず，共謀加担前の傷害結果について刑事責任を問い得る理由とはいえない」。

⬇ この決定が示したこと ⬇

まず，後行者の共謀加担前にすでに生じていた傷害結果については，後行者はそれに対して因果関係を有していないことから，責任を負うことはないとした(Point-1)。また，後行者が先行者による行為・結果を積極的に利用した事実があったとしても，それは共謀加担前に生じた傷害結果について後行者に責任を問える理由にはならないとした(Point-2)。

☝ 解説

Ⅰ. 承継的共犯の成否とその成立根拠

承継的共犯の成否に関しては主に，①その理論的可能性自体を否定する立場（否定説）と，②それを一定の条件が認められる場合には肯定する立場（限定的肯定説）がある。

否定説は，因果的共犯論[*1]に基づけば，共犯の成立にはすべての構成要件該当事実への因果性が必要であるから，それがない後行者に承継的共犯というものが認められるべきではないとする。たとえば，強盗罪（236条）は，暴行・脅迫を手段として被害者の反抗を抑圧し，財物を奪取するという一連の行為に基づく犯罪であるが，否定説に従えば，先行者が暴行・脅迫により被害者の反抗を抑圧していた状態において，後行者が財物奪取にのみ関与した場合，後行者は，すでに行われた暴行・脅迫に因果性を有しないため，強盗罪ではなく窃盗罪（235条）の共犯にとどまる。

これに対して，限定的肯定説は，後行者が先行者による行為・結果を自己の犯罪手

*1｜因果的共犯論
共犯の処罰根拠として，犯罪の結果に対して因果性を及ぼしたから共犯が成立するとする考え方。

段として積極的に利用したか否かという基準（積極的利用の基準）に従って承継的共犯の成否を判断する。これに従えば，先の事例のように財物奪取にのみ関与した後行者にも，先行者の暴行・脅迫により被害者の反抗が抑圧された状態を積極的に利用したということが認められれば，強盗罪の承継的共犯が認められる。現在の下級審の裁判例では，この理解に従って承継的共犯の成否が判断されている。

II. 限定的肯定説とそれに基づく承継的共犯の成立範囲

積極的利用の基準を詳細に示したのは大阪高判昭和62・7・10高刑集40巻3号720頁であるが，同判決のポイントはその基準の適用範囲にある。すなわち同判決は，強盗罪のように，一連の行為により一定の結果を発生させる犯罪については，後行者が先行者の行為等を認識・認容すれば，後行者がそれを積極的に利用したと認められるので（この例では強盗の）承継的共犯が成立しうるとする一方，暴行・傷害罪の場合には，もともとは1個の暴行が1個の犯罪を構成するという独立性ゆえに（たとえば複数の傷害結果が生じた場合には，各傷害について傷害罪が成立するものの，罪数上，包括一罪[*2]となるにすぎない），その認識・認容があるからといってそれを積極的に利用したとは認められず，加担後の行為・結果についてのみ共犯が認められるにすぎない（承継的共犯の不成立）としていた。そしてその後の下級審の裁判例においても，同様に取り扱う傾向がみられる。

これに対し，本件第1審・控訴審は，暴行・傷害罪の事案についても積極的利用の基準を適用し，Xはその基準を充足しているとして，傷害結果全体に対する承継的共犯の成立を認めたのであった。

こうした理論的背景からすると，本決定は，因果関係の不存在を理由にして，後行者の加担前の暴行によって生じ，かつ後行者の加担後の暴行の寄与が認められない傷害結果については，上記のような下級審の裁判例の傾向と同様に，後行者が責任を負うことを否定するものである。もっとも，本決定のそうした否定的理解は傷害罪の場合でそう述べたものにすぎないから，本決定が因果関係の不存在を理由に後行者が責任を負うことを否定し，また積極的利用の基準について否定的ともとれる見方を示したとしても，それは必ずしも，（強盗罪のような「一連の行為により一定の結果を発生させる犯罪」〔前掲大阪高判昭和62・7・10〕をも含めた）承継的共犯一般を否定するものでも，積極的利用の基準自体を否定するものでもない。

*2 | 包括一罪
包括一罪とは，罪数処理に関し，複数の法益侵害結果を惹起したが，ひとつの構成要件によって包括的に評価されるために一罪となる場合をいう。

1. 共謀共同正犯（練馬事件）

共謀共同正犯についての戦後の指導的判例とされる最大判昭和33・5・28刑集12巻8号1718頁（百選Ⅰ-75）は、傷害致死罪の共謀共同正犯の事案について、「共謀共同正犯が成立するには、2人以上の者が、特定の犯罪を行うため、共同意思の下に一体となって互いに他人の行為を利用し、各自の意思を実行に移すことを内容とする謀議をなし、よって犯罪を実行した事実が認められなければならない。したがって右のような関係において共謀に参加した事実が認められる以上、直接実行行為に関与しない者でも、他人の行為をいわば自己の手段として犯罪を行ったという意味において、その間刑責の成立に差異を生ずると解すべき理由はない」として、共謀に加わったが暴行には参加しなかった被告人2名に傷害致死罪（205条）の共謀共同正犯が成立するとした。

2. 間接正犯と共謀共同正犯（スナック強盗事件）

最決平成13・10・25刑集55巻6号519頁は、被告人である母親Xが、スナックの経営者である被害者から金品を強取しようと企て、当時12歳10か月の長男Yに強盗を指示命令したところ、Yは当初嫌がっていたが結局承諾し、Xから与えられた犯行道具を携えて同スナックに赴き、Xから指示された方法により被害者を脅迫したほか、自己の判断により同スナック出入口のシャッターを下ろしたり被害者をトイレに閉じ込めたりするなどしてその反抗を抑圧し、被害者の現金等を強取した後、XがYからそれらを受け取り、現金を生活費等に費消したという事案について、「Yには是非弁別の能力があり、Xの指示命令はYの意思を抑圧するに足りる程度のものではなく、Yは自らの意思により本件強盗の実行を決意した上、臨機応変に対処して本件強盗を完遂した」から、Xに強盗罪（236条1項）の間接正犯は成立しないが、「Xは、生活費欲しさから本件強盗を計画し、Yに対し犯行方法を教示するとともに犯行道具を与えるなどして本件強盗の実行を指示命令した上、Yが奪ってきた金品をすべて自ら領得した」から、Xに強盗罪の共謀共同正犯が成立するとした。

3. 被害者を利用した間接正犯

最決平成16・1・20刑集58巻1号1頁（百選Ⅰ-73）は、いわゆるホストクラブでホストをしていた被告人が、客であった被害者が遊興費を支払うことができなかったことから、被害者に対し、激しい暴行脅迫を加えて支払を迫っていたが、そのうち被害者に多額の生命保険をかけて自殺させ、保険金を取得しようと考えるに至り、自己のいいなりになっていた被害者に対し、車を運転させ、車ごと海中に飛び込むことを命じたところ、被害者は、自殺する意思はなく、死亡を装って被告人から逃れる可能性に賭けて、命じられるままに真冬の深夜の海中に飛び込んだが、死亡を免れたという事案について、被害者を被告人の命令に応じて車ごと海中に飛び込む以外の行為を選択することができない精神状態に陥らせ、被害者に命令して車ごと海に転落させた被告人の行為は、殺人罪の実行行為にあたるとして、殺人未遂罪（203条）の成立を認めた。

4. 共犯関係の解消

（1）首謀者の離脱 実行の着手前に離脱した場合であっても、離脱者が首謀者であるときは、他者に与えた因果的影響力が強いので、共犯関係の解消は認められにくい。松江地判昭和51・11・2判時845号127頁は、殺人の着手前に首謀者が離脱した事案について、首謀者の場合には「離脱者において共謀関係がなかった状態に復元させなければ、共犯関係の解消がなされたとはいえない」とした上で、首謀者である被告人について共犯関係の解消を否定し、殺人罪の共謀共同正犯が成立するとした。

（2）実行の着手後の離脱（「おれ帰る」事件） 実行の着手後の離脱については、離脱意思の表明と相手の了承では足りず、結果防止措置を講ずることが必要とされることが多い。最決平成元・6・26刑集43巻6号567頁（百選Ⅰ-95）は、共謀の上、被害者に暴行を加えた被告人Xが、「おれ帰る」と言っただけで現場を離れた後、さらに共謀者Yにより暴行が続けられた結果、被害者が死亡したという事案について、「Yにおいてなお制裁を加えるおそれが消滅していなかったのに、被告人において格別これを防止する措置を講ずることなく、成り行きに任せて現場を去ったに過ぎない」として共犯関係の解消を否定し、Xに傷害致死罪の共同正犯が成立するとした。

判例索引

大審院・最高裁判所

大判大正3・7・24刑録20輯1546頁		97
大判大正4・2・10刑録21輯90頁		25
大判大正7・11・16刑録24輯1352頁		108
大判大正7・12・18刑録24輯1558頁		26,27
大判大正12・4・30刑集2巻378頁	［判例06］	18
大判大正13・4・25刑集3巻364頁		67
大判大正14・6・9刑集4巻378頁	［判例23］	66
大判昭和8・9・27刑集12巻1654頁		57
大判昭和12・6・25刑集16巻998頁	［判例37］	104
大判昭和13・3・11刑集17巻237頁		26,27
大判昭和15・8・22刑集19巻540頁	［判例02］	6
最判昭和23・3・16刑集2巻3号227頁		65,92
最大判昭和24・5・18刑集3巻6号772頁		57
最判昭和24・7・9刑集3巻8号1174頁		107
最判昭和24・8・18刑集3巻9号1465頁		43
最判昭和24・10・13刑集3巻10号1655頁		59
最判昭和25・7・11刑集4巻7号1261頁		116
最大判昭和26・1・17刑集5巻1号20頁		92
最大判昭和26・8・17刑集5巻9号1789頁		92
最判昭和28・1・23刑集7巻1号30頁		125
最大判昭和32・3・13刑集11巻3号997頁		65,92
最決昭和32・9・10刑集11巻9号2202頁		107
最判昭和32・11・19刑集11巻12号3073頁	［判例45］	126
最大判昭和33・5・28刑集12巻8号1718頁		113,115,141
最判昭和33・9・9刑集12巻13号2882頁	［判例09］	26
最判昭和33・11・21刑集12巻15号3519頁	［判例12］	36
最判昭和34・2・5刑集13巻1号1頁		51
最判昭和35・2・4刑集14巻1号61頁	［判例20］	56
最判昭和35・9・9刑集14巻11号1477頁		73
最判昭和37・3・23刑集16巻3号305頁	［判例34］	96
最決昭和40・3・9刑集19巻2号69頁		108
最決昭和42・5・25刑集21巻4号584頁	［判例27］	76
最決昭和42・10・13刑集21巻8号1097頁	［判例30］	82
最決昭和42・10・24刑集21巻8号1116頁		13,15,28
最決昭和43・2・27刑集22巻2号67頁	［判例33］	90
最判昭和44・12・4刑集23巻12号1573頁	［判例16］	46
最決昭和45・7・28刑集24巻7号585頁	［判例35］	98
最判昭和46・6・17刑集25巻4号567頁	［判例03］	12

判例	頁
最判昭和46・11・16刑集25巻8号996頁	43,45
最判昭和50・11・28刑集29巻10号983頁　［判例15］	44
最決昭和52・7・21刑集31巻4号747頁　［判例14］	42
最決昭和53・3・22刑集32巻2号381頁	19,28
最判昭和53・3・24刑集32巻2号408頁	88
最決昭和53・5・31刑集32巻3号457頁　［判例10］	32
最判昭和53・7・28刑集32巻5号1068頁　［判例24］	68
最決昭和54・4・13刑集33巻3号179頁　［判例43］	122
最決昭和55・11・13刑集34巻6号396頁　［判例11］	34
最決昭和57・7・16刑集36巻6号695頁　［判例39］	112
最決昭和58・9・21刑集37巻7号1070頁　［判例42］	118
最決昭和59・7・3刑集38巻8号2783頁　［判例32］	88
最大判昭和60・10・23刑集39巻6号413頁　［判例01］	4
最決昭和61・6・9刑集40巻4号269頁　［判例25］	70
最決昭和62・3・26刑集41巻2号182頁　［判例19］	52
最決昭和62・7・16刑集41巻5号237頁　［判例26］	72
最決平成元・3・14刑集43巻3号262頁	92
最決平成元・6・26刑集43巻6号567頁	137,141
最判平成元・7・18刑集43巻7号752頁	92
最判平成元・11・13刑集43巻10号823頁	47,60
最決平成元・12・15刑集43巻13号879頁　［判例07］	22
最決平成2・2・9判タ722号234頁　［判例22］	64
最決平成2・11・16刑集44巻8号744頁	85
最決平成2・11・20刑集44巻8号837頁　［判例04］	14
最決平成2・11・29刑集44巻8号871頁	85
最判平成3・11・14刑集45巻8号221頁	85
最決平成4・6・5刑集46巻4号245頁　［判例46］	43,128
最決平成4・12・17刑集46巻9号683頁	17,28
最決平成5・11・25刑集47巻9号242頁　［判例31］	84
最判平成6・12・6刑集48巻8号509頁　［判例47］	132
最決平成12・12・20刑集54巻9号1095頁　［判例29］	80
最決平成13・10・25刑集55巻6号519頁	111,141
最決平成15・5・1刑集57巻5号507頁　［判例40］	114
最決平成15・7・16刑集57巻7号950頁　［判例05］	16
最決平成16・1・20刑集58巻1号1頁	119,141
最決平成16・3・22刑集58巻3号187頁　［判例36］	100
最決平成17・7・4刑集59巻6号403頁　［判例08］	24,123
最決平成17・11・15刑集59巻9号1558頁	92
最決平成18・3・27刑集60巻3号382頁	17,28
最決平成19・3・26刑集61巻2号131頁	92
最判平成19・9・18刑集61巻6号601頁	5

最決平成19・11・14刑集61巻8号757頁		115
最決平成20・3・3刑集62巻4号567頁		92
最判平成20・4・25刑集62巻5号1559頁		89,92
最決平成20・5・20刑集62巻6号1786頁	［判例17］	48
最決平成20・6・25刑集62巻6号1859頁	［判例18］	45,50
最決平成21・2・24刑集63巻2号1頁		51,60
最決平成21・6・30刑集63巻5号475頁	［判例49］	136
最判平成21・10・19判タ1311号82頁		115
最決平成21・12・7刑集63巻11号1899頁	［判例13］	38
最決平成21・12・8刑集63巻11号2829頁		89,92
最決平成22・5・31刑集64巻4号447頁		92
最決平成22・10・26刑集64巻7号1019頁		11,92
最決平成24・2・8刑集66巻4号200頁		11
最決平成24・11・6刑集66巻11号1281頁	［判例50］	116,138
最判平成26・11・7刑集68巻9号963頁		99
最判平成27・5・25判タ1415号77頁		89
最決平成28・7・12刑集70巻6号411頁		125

高等裁判所

東京高判昭和24・12・10高刑集2巻3号292頁		108
名古屋高判昭和25・11・14高刑集3巻4号748頁		108
福岡高判昭和28・11・10高刑判特26号58頁		97,108
福岡高判昭和29・5・14高刑判特26号85頁		97
福岡高判昭和29・11・30高刑裁特1巻11号509頁		27
東京高判昭和35・2・17下刑集2巻2号133頁		25
広島高判昭和36・7・10高刑集14巻5号310頁		108
名古屋高判昭和37・12・22高刑集15巻9号674頁		39,60
高松高判昭和41・3・31高刑集19巻2号136頁		79
大阪高判昭和41・6・24高刑集19巻4号375頁		137
大阪高判昭和44・10・17判タ244号290頁		105
東京高判昭和46・3・4高刑集24巻1号168頁		25
名古屋高判昭和49・10・21刑集29巻10号1000頁		44
札幌高判昭和51・3・18高刑集29巻1号78頁	［判例28］	78
名古屋高判昭和52・1・25判例集未登載		45
東京高判昭和55・9・26高刑集33巻5号359頁		73
札幌高判昭和56・1・22判時994号129頁		85
東京高判昭和57・9・21判タ489号130頁		99
東京高判昭和60・10・15判時1190号138頁		45
福岡高判昭和61・3・6高刑集39巻1号1頁	［判例38］	106

大阪高判昭和62・7・10高刑集40巻3号720頁		140
東京高判昭和62・7・16判タ653号205頁		108
東京高判平成2・2・21判タ733号232頁	[判例**41**]	**116**
札幌高判平成12・3・16判タ1044号263頁	[判例**48**]	**134**
東京高判平成13・4・9高刑速（平13）号50頁		105,108
名古屋高判平成19・2・16判タ1247号342頁		102
東京高判平成19・8・8刑集62巻3号160頁		99
大阪高判平成21・1・20判タ1300号302頁		73
東京高判平成22・4・20判タ1371号251頁		99
東京高判平成24・12・18判タ1408号284頁		59

地方裁判所

東京地判昭和40・12・10下刑集7巻12号2200頁		105
名古屋地岡崎支判昭和43・5・30下刑集10巻5号580頁		25
福岡地久留米支判昭和46・3・8判タ264号403頁		25
大阪地判昭和51・3・4判タ341号320頁		91,92
松江地判昭和51・11・2判時845号127頁		137,141
東京地八王子支判昭和57・12・22判タ494号142頁		25
横浜地判昭和58・7・20判時1108号138頁		108
福岡地判昭和59・8・30判時1152号182頁		113
岐阜地判昭和62・10・15判タ654号261頁		97,108
東京地判平成4・1・23判時1419号133頁	[判例**44**]	**124**
横浜地判平成7・3・28判タ877号148頁		39,60
東京地判平成8・6・26判タ921号93頁	[判例**21**]	**58**
東京地判平成13・3・28判タ1076号96頁		92
大阪地判平成15・4・11判タ1126号284頁		99
札幌地判平成15・11・27判タ1159号292頁		23

\ START UP /
刑法総論判例 50!

2016年12月25日　初版第1刷発行
2020年12月15日　初版第5刷発行

著者　十河太朗
　　　豊田兼彦
　　　松尾誠紀
　　　森永真綱

発行者　江草貞治
発行所　株式会社有斐閣
　　　　郵便番号　101-0051
　　　　東京都千代田区神田神保町2-17
　　　　電話　（03）3264-1314〔編集〕
　　　　　　　（03）3265-6811〔営業〕
　　　　http://www.yuhikaku.co.jp/

デザイン　堀 由佳里
印刷・製本　大日本法令印刷株式会社

©2016, Taro Sogo, Kanehiko Toyota,
Motonori Matsuo, Masatsuna Morinaga.
Printed in Japan

落丁・乱丁本はお取替えいたします。
ISBN 978-4-641-13921-3

JCOPY　本書の無断複写（コピー）は，著作権法上での例外を除き，禁じられています。複写される場合は，そのつど事前に（一社）出版者著作権管理機構（電話03-5244-5088, FAX03-5244-5089, e-mail: info@jcopy.or.jp）の許諾を得てください。

本書のコピー，スキャン，デジタル化等の無断複製は著作権法上での例外を除き禁じられています。本書を代行業者等の第三者に依頼してスキャンやデジタル化することは，たとえ個人や家庭内での利用でも著作権法違反です。